SER E FAZER

NA CLÍNICA WINNICOTTIANA DA MATERNIDADE

TÂNIA AIELLO VAISBERG
TANIA GRANATO

SER E FAZER

NA CLÍNICA WINNICOTTIANA DA MATERNIDADE

IDÉIAS & LETRAS

Diretores Editoriais:
Carlos Silva
Marcelo C. Araújo

Editores:
Avelino Grassi
Roberto Girola

Coordenação de Coleção:
Roberto Girola

Coordenação Editorial:
Elizabeth dos Santos Reis

Copidesque e Revisão:
Leila Cristina Dinis Fernandes

Diagramação:
Alex Luis Siqueira Santos

Capa:
Cristiano Leão

IDÉIAS & LETRAS

Editora Idéias & Letras
Rua Pe. Claro Monteiro, 342 - Centro
12570-000 Aparecida-SP
Tel. (12) 3104-2000 - Fax (12) 3104-2036
Televendas: 0800 16 00 04
vendas@ideiaseletras.com.br
http//www.ideiaseletras.com.br

Dados Internacionais de Catalogação na Publicação (CIP)
(Câmara Brasileira do Livro, SP, Brasil)

Aiello Vaisberg, Tânia Maria
Ser e fazer: na clínica winnicottiana da maternidade / Tânia Maria Aiello Vaisberg, Tania Mara Marques Granato. - Aparecida, SP: Idéias & Letras, 2006. - (Coleção psi-atualidades)

Bibliografia.
ISBN 85-98239-77-1

1. Maternidade - Aspectos psicológicos 2. Psicologia clínica 3. Winnicott, Donald W., 1896-1971 I. Granato, Tania Mara Marques. II. Título. III. Série.

06-6471 CDD-155.6463

Índices para catálogo sistemático:
1. Maternidade: Aspectos psicológicos 155.6463

Sumário

Apresentação

Aconselho a leitura deste livro para o leitor interessado nas pesquisas da *Ser e Fazer* no campo da maternidade, à medida que surge como arremate natural de um período profícuo em que delineamos não somente a Clínica Winnicottiana da Maternidade com seus muitos rostos, como também o Estilo Clínico *Ser e Fazer*, assinatura pessoal de uma clínica que nasceu de nossas pesquisas no Instituto de Psicologia da USP.

Confesso que a imagem da mãe que padece no Paraíso nunca me foi confortável. Como filha, achava-a um exagero, como gestante a temia, tamanha a expectativa nela contida, e, como mãe, pude atestar o paradoxo contido na experiência da maternidade que parecia acenar com sopros de felicidade num mar de sofrimento. Como viajante curiosa embarquei rumo à pesquisa psicanalítica da maternidade, livrando-me de algumas malas pesadas. Na primeira parada, descartei os julgamentos morais apressados sobre o papel materno, em seguida liberei-me das amarras de uma Psicanálise que engessa, trocando-a pela leitura pessoal que fizemos da obra de Donald Winnicott, de mãos dadas com a Professora Doutora Tânia Aiello Vaisberg. Por fim, sentei-me diante de minhas pacientes como a criança que aguarda as histórias de sua avó, mantendo-me em clima de abertura e acolhimento para as experiências que ali viveríamos.

Depois de um longo percurso escolhemos compartilhar com o leitor algumas de nossas viagens. Visitamos os sonhos de gestantes em processo de identificação com seus bebês, suas expectativas quanto ao fazer materno, a enorme demanda emocional que a maternidade carrega, o gradual e trabalhoso estabelecimento da relação mãe-bebê, os conflitos envolvidos na decisão de ter um filho ou interromper uma gravidez. Estivemos também com mães adolescentes sobrecarregadas pela dupla demanda da individuação associada à maternidade, com mães especiais em sua prolongada tarefa de prover cuidados a crianças portadoras de malformações, deficiências e outras enfermidades, e com mulheres asiladas que foram abandonadas por suas famílias e companheiros. Encontramos com profissionais da área de Saúde Mental Materna que, à mercê das intensas agonias que tais atendimentos costumam despertar, buscavam um espaço terapêutico onde pudessem integrar suas experiências profissionais, sem "se despersonalizar" num profissional seco e oco.

A boa notícia é que, para além do padecimento, pude ver a gratificação e a satisfação maternas e, para aquém do Paraíso, descobri a maneira singular e possível com que cada mulher vive sua maternidade. Acredito que a partir deste lugar intermediário, entre o céu e o inferno, gestantes e mães puderam ser ouvidas e construir seu estilo pessoal de maternar, emergindo de suas histórias pessoais, valores morais e crenças religiosas como pessoas mais inteiras.

Tania M. M. Granato

Prefácio

Esta coletânea é fruto de uma parceria que se revelou fecunda e prazerosa. Evidentemente, ambas as partes empenharam-se e dedicaram-se para que este livro, que deriva do exercício clínico, do estudo e da reflexão, pudesse vir à luz. No que me concerne, posso dizer que me sinto afortunada pelo fato de ter tido, há alguns anos, a feliz idéia de convidar Tania Mara Marques Granato a prestar o exame de seleção para o Mestrado no Programa de Pós-graduação em Psicologia na Universidade de São Paulo. Todos sabemos que, em geral, o processo é inverso: orientadores são procurados por pessoas interessadas em realizar estudos e pesquisas pós-graduados. Entretanto, no presente caso, a prática de discussão de casos no contexto da supervisão clínica já me indicara, com grande clareza, que tinha diante de mim uma profissional capaz de articular, com harmonia, a sensibilidade clínica e a inteligência aguçada da pesquisadora, enquanto uma aparente teimosia deixava evidente que um dos ingredientes fundamentais do ofício investigativo, a não submissão, encontrava-se presente na dose certa. A essas qualidades há de se acrescentar algo que veio a revelar-se durante a escrita da dissertação de mestrado: talento literário até então insuspeitado. Compreende, assim, o leitor, o quanto me sinto grata por usufruir hoje desta co-autoria como espaço de interlocução verdadeiramente instigante.

Alguns desses artigos foram elaborados durante a vigência da relação orientadora-orientanda, enquanto outros surgiram após o doutorado, uma vez que tenho podido contar com esta valiosa colaboração, tanto à frente da "Ser e Criar", serviço clínico de atendimento à comunidade que pertence ao Instituto de Psicologia da Universidade de São Paulo, como na condição de Pesquisadora associada ao Grupo de Pesquisa CNPq da Pontifícia Universidade Católica de Campinas, denominado "Atenção Psicológica Clínica em Instituições: Prevenção e Intervenção", que co-lidero ao lado da Professora Doutora Vera Engler Cury.

Meu interesse pelo tema da maternidade é antigo e presidiu a elaboração de meu próprio mestrado, que aconteceu numa época em que ainda não tinha feito de Winnicott minha principal referência teórica. A motivação e a aguda curiosidade da então orientanda reavivaram meu próprio entusiasmo pela clínica do puerpério, cujo exercício segue sendo completado por reflexões teórico-clínicas que, à medida que amadurecemos nosso pensamento, tornam-se mais densas. Por outro lado, tocando em assuntos centrais da psicanálise do *self*, essas pesquisas têm contribuído para o aprofundamento de muitos outros temas, trazendo subsídios importantes para trabalhos que desenvolvo com outros orientandos e ex-orientandos. De todo o modo, como esta é uma produção do campo das ciências humanas, não é de admirar que seja um trabalho datado que é continuamente revisto, revisitado e eventualmente reformulado. Como obra publicada, abre-se também ao desenvolvimento que outros lhe poderão imprimir, às críticas e, esperamos, ao reconhecimento por suas qualidades.

Quero aproveitar este momento para me manifestar sobre uma questão que hoje se me afigura como central. Refiro-me a uma idéia discutível, mas pouco discutida, segundo a qual o cuidado materno saudável e promotor do desenvolvimento emocional do bebê dependeria da ocorrência de um processo identificatório. A reflexão sobre minha própria prática, que tanto me tem permitido acompanhar experiências de crescimento e amadurecimento, como viver horas difíceis de atendimento a filicidas, tem me levado a diferenciar, ao longo da obra winnicottiana, momentos teóricos frouxos, em que ocorre uma aparente adesão a conceitos que se tornaram banais e imprecisos, de outras passagens dotadas de alta densidade teórica, que trazem contribuições verdadeiramente inovadoras. Ou seja, encontro, em algumas passagens, explicações que pretendem dar conta da maternidade como fenômeno essencialmente derivado da possibilidade de regredir ou não de modo saudável, rumo a uma posição emocional que permitiria a identificação, enquanto em outras subjaz uma antropologia que permite, mais do que qualquer outro autor psicanalítico, pensar a maternidade sob uma ótica ética.

Existe um pequeno trecho, bastante conhecido, no qual Winnicott se propõe a distinguir tipos de bebês: afortunados, pouco afortunados e desafortunados. O critério de diferenciação seria exatamente a qualidade dos cuidados maternos nos primórdios do viver, ou seja, durante um tempo em que a dependência é absoluta e a criança ainda não existe "desde seu próprio ponto de vista", ainda que possa ser reconhecida como alguém, pela família e pela sociedade, quando tudo vai bem. As conseqüências que as falhas no cuidado inicial acarretam seriam sumamente importantes e afetariam algo nuclear: a relação do indivíduo com a realidade, a própria possibilidade de sentir-se vivo e real, vale dizer, sua posição existencial. Se esta perspectiva for, como suponho, baseada em minha experiência e pesquisas, correta, o estudo do vínculo mãe-bebê tem importância clínica fundamental, não sendo, então, surpreendente que uma psicanalista que dedicou especial atenção à loucura e ao sofrimento psicótico tenha se interessado por investigar sonhos de gestante em seu mestrado.

Ainda que muitos apontem que a obra winnicottiana corresponde a uma quebra de paradigma no interior do campo psicanalítico, idéia com a qual concordo, há de se reconhecer que, desde vários pontos de vista, expressa claramente fidelidade à tradição. Um deles diz respeito exatamente à centralidade que conferiu à regressão como conceito explicativo de toda a psicopatologia. A regressão, classicamente não incluída entre as perspectivas constitutivas da metapsicologia freudiana, segue sendo um organizador dos diferentes modos de sofrer emocionalmente, num sentido segundo o qual um começo infeliz pode fragilizar os alicerces da saúde mental. Nesta linha, estudar psicose levaria a pesquisar a infância precoce. Assim, pode-se afirmar que o esquema clássico das séries complementares não perde sua vigência na teorização winnicottiana. Por um outro lado, aquilo que temos considerado como verdadeira quebra de paradigma, realizada por Winnicott, consiste no fato de ter repudiado *de fato* a metapsicologia freudiana, que é positivista, abstrata e objetivante, em favor da construção de uma psicanálise concreta.

As conseqüências do abandono da metapsicologia em favor de uma psicanálise concreta e dramática resultaram num uso peculiar do conceito de regressão, que torna impossível a defesa de teses simplistas, que atribuem a psicose à mãe "esquizofrenogênica". Situações concretas que favorecem ou deixam de favorecer o atendimento às necessidades do bebê passam a ser encaradas, desde a perspectiva winnicottiana, com seriedade, para além de uma visão francamente distorcida e idealizada da função materna. Mães são mulheres, mais ou menos emocionalmente amadurecidas, que vivem em condições mais ou menos favoráveis de diversos pontos de vista: relacional, social, político, econômico, histórico, cultural, orgânico... Não se dividem em dois grupos estanques, um que busca o enlouquecimento do filho e outro que garante sua sanidade independentemente da consideração de qualquer outro aspecto. Assim, ao mesmo tempo em que organizou sua psicopatologia ou, como gosto de dizer, sua teoria sobre o sofrimento humano como avesso da teoria do amadurecimento emocional, ao fazer a teorização psicanalítica descer da abstração para a vida, Winnicott estimulou o estudo e a pesquisa da vida de mulheres que se tornam mães, permitindo que a psicanálise pudesse tornar-se operativa não só como psicoterapia, mas também como prática psicoprofilática.

Do que depende o bom cuidado materno? Defendendo a tese segundo a qual coube a Winnicott realizar as exigências de uma psicanálise concreta, não tenho dúvidas em responder que o cuidado materno, que é essencialmente *holding*, não resulta pura e simplesmente das características da personalidade da mãe. O cuidado materno não acontece de modo isolado e abstrato, mas é fenômeno socialmente produzido que se expressa simultaneamente enquanto vivência inter-humana. Sociedades violentas não facilitam o exercício da maternidade. Sociedades nas quais a solidariedade ocupa posição relevante favorecem a maternagem, que é um tipo particular de cuidado a pessoas que vivem, transitória ou duradouramente, em condições de maior dependência que o indivíduo adulto saudável. Em outros termos, o melhor cuidado acontece quando há, no campo social, espaço para solidariedade e respeito pelas necessidades do outro.

Nosso objetivo, ao longo da realização das pesquisas que são aqui apresentadas, não é outro senão ajudar mulheres a exercerem o cuidado ao bebê da melhor maneira possível. Não nos espanta constatar que, numa sociedade marcada pela perda de sentido do viver, seja comum o pensamento segundo o qual é afortunado o bebê desejado, com o qual a mãe se identifica. Essas idéias são repetidas pelos psicanalistas, até mesmo por Winnicott, quase como um cacoete. Ora, se fazemos o método psicanalítico trabalhar sobre essa insistência, veremos que segue vigente uma antropologia que não admite a possibilidade do amor e da consideração pelo outro ser originária, mas apenas fenômenos derivados do egoísmo fundamental. As mães só cuidariam porque egoisticamente desejam seus bebês, como uma espécie de posse, com eles se confundindo identificatoriamente. Ou seja, toda maternagem se reduziria à utilização dos bebês como colônias ou filiais da personalidade materna!

Entretanto, ainda que use, a meu ver de modo infeliz, o termo identificação, é Winnicott o autor que enfatiza, em passagens fundamentais, especialmente em seus últimos escritos, que o bebê se humaniza quando é visto, pela mãe, como alteridade singular irredutível. Não é o fato de confundir-se com a criança que garante o cuidado, mas o fato de a mãe poder, quando tudo vai bem, saber que esse bebê é uma alteridade, o que permite cuidado respeitoso – que é amor.

Finalizo convidando o leitor a repensar da noção de identificação, que a meu ver gera efeitos nefastos, para propor movimentos no sentido de um criar/encontrar uma visão do homem como ser capaz de se sensibilizar de forma direta e imediata com a presença viva do bebê, acreditando que numa sociedade mais humana – e aqui a escolha deste adjetivo trai um otimismo inegável, porque as maiores atrocidades da história também são atos humanos – a teoria da libido ou a idéia de que o filho "é" inevitavelmente o falo materno serão desmascaradas em seus fundamentos ingênuos e perversos.

Tânia Aiello Vaisberg

Capítulo 1

Sonhos de nascimento e preocupação materna primária[1]

Tânia Maria José Aiello Vaisberg

Estou absolutamente de acordo com a idéia de que o conhecimento psicanalítico é coletivamente construído a partir do uso de um método inventado por Freud, que é logicamente anterior à clínica psicoterápica e ao que se convencionou denominar, talvez inadequadamente, de psicanálise aplicada. Por esse motivo, tenho considerado oportunas contribuições, como a teoria dos campos, idealizada por Herrmann (1991; 1992), no intuito de facilitar o manejo rigoroso deste método em contextos que transcendem o cotidiano clínico (Vaisberg, 1995). Neste momento, quero retomar um material de pesquisa que realizei há cerca de vinte anos, para repensá-lo à luz da teoria dos campos. Trata-se de um conjunto de trezentos e onze sonhos relatados por seis gestantes, por meio de um diário escrito ao despertar, ou seja, de um material obtido a partir do estabelecimento de um enquadre de estudo di-

[1] Este artigo é uma versão da palestra ministrada no dia 19/8/1999, no Ciclo de Seminários promovido pelo Centro de Estudos e Pesquisa em Psicanálise, da Universidade São Marcos, São Paulo, em comemoração ao centenário do livro *A Interpretação dos Sonhos*, de Sigmund Freud, e foi originalmente publicado na *Revista Psyché*, III (4), 1999, p. 131-144.

verso da psicanálise padrão (Bleger, 1963). Deste modo, convém dizer que a narrativa onírica é abordada a partir de um diferente dispositivo de trabalho.

No sonho, temos uma articulação profunda de uma experiência vivida, em que cenas e imagens se sucedem, com uma narrativa que o comunica a alguém que se disponha a acolhê-la. Sabemos que Politzer (1928) elaborou um extenso trabalho no qual demonstra que a face verdadeiramente revolucionária da psicanálise residia no ter percebido que todas as condutas humanas, mesmo aquelas aparentemente mais estranhas, têm sempre um sentido psicológico. Este sentido está sempre ligado à vida humana, não enquanto fenômeno biológico, mas biográfico, vincular e dramático. O sonho é um fenômeno espontâneo, em si mesmo dramático, que pode preparar a gestante para o parto e a maternidade. Estudá-lo pode ser um caminho bastante interessante na tentativa de melhor compreensão dessa fase tão importante da vida.

Um ponto importante que merece ser ressaltado é o fato de se haver naturalmente destacado, no conjunto dos trezentos e onze relatos, cinco sonhos bastante diversos, que vim a denominar *sonhos de nascimento.* Se, em termos do número total de narrativas, cerca de noventa por cento mencionam o tema bebê/gravidez, em termos manifestos, de acordo com o encontrado em inúmeras pesquisas (Tsu, 1980), o fato é que nos *sonhos de nascimento* a criança pode nem chegar a ser mencionada. Por outro lado, a menção a certo tipo de mudança de estado evoca, facilmente, a referência ao parto.

Por outro lado, este achado apresenta uma faceta que pode suscitar algumas reflexões, em termos de pesquisa psicanalítica. Afinal, é habitual, no pensamento científico corrente, o pressuposto de que o que é importante apresenta-se em alta freqüência. Entretanto, parece que sendo uma ocorrência rara, não deve ser vista como pouco significativa, como espero ter condições de demonstrar ao longo desta exposição. Todavia, creio ser importante, antes de mais nada, contextualizar melhor, do ponto de vista teórico, a importância que atribuo a este livro.

Tenho lecionado psicopatologia psicanalítica nos últimos vinte e cinco anos, mantendo-me atenta às formas básicas de articulação dessa disciplina. Parece predominar, ainda que de forma nem sempre explícita, uma idéia segundo a qual as diferentes formas de sofrimento psíquico correspondem a aderências emocionais a períodos desenvolvimentais específicos, de modo que não seria incorreto afirmar que a sistematização psicopatológica corresponde sempre ao avesso de teorias psicanalíticas do desenvolvimento psicoemocional (BERGERET, 1974; PAZ, 1976). Mesmo aqueles autores que se preocuparam em chamar a atenção para o fato de que as *fases* do desenvolvimento seriam mais bem pensadas como *posições* ou *modos de experiência emocional*, dialeticamente pensados (OGDEN, 1996), não deixaram de fazer uso de um esquema de pensamento que é, basicamente, desenvolvimentista.

A partir desse referencial, as formas mais severas de perturbação psíquica são consideradas como resultantes de elaboração problemática e deficitária de momentos mais precoces do desenvolvimento. Deste modo, grande interesse é atribuído ao conhecimento das condições de vida dos bebês, entendendo-se que nesta época se realizam tarefas desenvolvimentais básicas, concernentes ao estabelecimento do *self* (WINNICOTT, 1945[a]). De acordo com Ogden (1996), autor que tem retomado e modificado contribuições kleinianas fundamentais à luz da articulação de contribuições winnicottianas com a filosofia dialética (KOJÈVE, 1947), a emergência do sujeito é um complexo processo inerentemente associado à construção da realidade *não-eu,* de modo que cada pólo cria, nega e preserva o outro. A relação mãe-bebê é o fenômeno básico a partir do qual se diferenciará o bebê como subjetividade contraposta à realidade, se determinadas condições forem satisfatoriamente cumpridas. A falência eventual desse processo corresponderá como que à instalação de zonas de fragilidade que facilitarão a descompensação psíquica grave, na infância ou na vida adulta.

Considerando a gravidade do sofrimento que pode ter origem em dificuldades precoces da relação mãe-bebê, fica evidente o interesse no desenvolvimento de modalidades clínicas de atendimento psicoprofilático (Aiello Vaisberg & Machado, 1997). Este tipo de trabalho, quando se faz mediante o uso de método psicanalítico, certamente se beneficia de conhecimentos acerca da psicologia materna, que é o pólo sobre o qual se pode estruturar um melhor atendimento ao bebê. Esse conhecimento deve ser buscado de modo a não focalizar a mãe como unidade existencial isolada, mas, sim, em termos dramáticos, na específica acepção que Bleger (1963) empresta a essa noção, a partir da crítica filosófica de Politzer (1928) à psicanálise. A partir deste ponto de vista, todo sujeito deve ser visto em *situação humana natural* (Bleger, 1963), vale dizer, em contexto vivencial intersubjetivo. Cada pessoa faz um percurso vital como ser sociocultural e histórico, a partir do que realiza uma experiência emocional singular. A gravidez e a maternidade são acontecimentos biográficos de enorme importância que têm repercussões inevitavelmente transformadoras sobre a vida da mulher, do casal e da rede familiar e social. É, assim, a partir de uma vida de mulher do mundo de hoje que a futura mãe vai entrar em um estado psíquico especial que lhe facultará comunicar-se adequadamente com o bebê. Esse estado, denominado por Winnicott (1956) como preocupação materna primária, permitir-lhe-á a realização de tarefas fundamentais a partir das quais o lactente poderá vir a se integrar, personalizar e estabelecer relações com os objetos, emergindo como subjetividade (Winnicott, 1945[a]).

O estado de preocupação materna primária corresponde ao desenvolvimento, pela grávida sadia, de um estado naturalmente *doentio* logo antes do parto, que deve manter-se por algumas semanas do puerpério, sendo que a saúde física e psicológica do bebê vai depender, de acordo com essa idéia, da capacidade materna para entrar e sair desse estado especial (Abram, 1997). Segundo Winnicott (1956):

> "Esse estado organizado (...) pode ser comparado com um retraimento, ou uma dissociação, ou uma fuga, ou mesmo comum distúrbio de um nível profundo, como um episódio esquizóide no qual algum aspecto da personalidade escapa temporariamente. Eu gostaria de encontrar um nome adequado para essa condição e levá-la em conta em todas as referências às fases mais precoces da vida do bebê. Não acredito que seja possível compreender o funcionamento da mãe no período mais inicial da vida do bebê sem ver que ela deve estar capacitada a alcançar esse estado da mais alta sensibilidade, quase uma doença, e recuperar-se dele. (Eu usei a palavra *doença* porque uma mulher deve ser saudável para poder tanto desenvolver esse estado como se recuperar dele quando o bebê a libera)" (Winnicott, 1956, p. 302).

O atendimento das necessidades do lactente parece ter a ver, logo de início, com o processo de apresentação da realidade que, em Winnicott (1945[a]), é pensado de modo bastante diverso daquele que encontramos em Freud (1911). Como bem demonstra Herrmann (1997), o sentido de realidade, com que muitas vezes Freud explicitamente trabalhou, é tributário de um perceptualismo ingênuo, o mesmo adotado pela psiquiatria ateórica que norteia o DSM-IV (Ionescu, 1994). Assim é que concebe o organismo como uma mônada fechada que só às custas da ineficácia da alucinação se abre para a percepção da realidade externa. A visão de Winnicott é diferente e muito mais sofisticada na medida em que assume que, paradoxalmente, a sanidade mental repousa exatamente na loucura. Desse modo, destaca que, no processo de apresentação da realidade ao lactente, existe necessidade absoluta de provimento de uma experiência ilusória onipotente, mediante a qual possa viver como se fosse o criador do seio materno, vale dizer, da realidade do mundo.

Essa vivência é possibilitada pela apresentação do seio no momento em que o bebê está efetivamente pronto para criá-lo. Ou seja, a realidade é paradoxalmente *criada-descoberta*. De acordo com esse pensamento, a desilusão, que consiste em conhecer que a realidade tem autonomia em relação ao eu, só pode ser tolerada, e até ser aliviadamente desfrutada, por quem pôde viver a experiência da onipotência, de modo que a sanidade repousa, de fato, sobre a loucura, pois, de certo modo, esse bebê onipotente segue vivo em todo ser humano.

O que, nas melhores condições, parece ocorrer naturalmente é, contudo, fruto de um trabalho psíquico. Afinal, bebês, na medida em que ainda não integrados, personalizados, capazes de relacionar-se com os objetos, são muito diferentes de suas mães. A preocupação materna primária seria o fenômeno que sustentaria a naturalidade aparente do labor materno, cujo pré-requisito, como bem notou Winnicott (1956), é poder identificar-se com o bebê. O autor, contudo, nunca ignorou, como muitos parecem crer, as enormes dificuldades emocionais que podem estar envolvidas na gravidez, chegando a considerar que nenhuma gestante seria completamente capaz de produzir na fantasia uma criança viva e total, de modo que haverá sempre um maior ou menor impacto quando se vir frente a frente com um bebê no qual provavelmente não *acreditará* totalmente (Winnicott, década de 60). É, portanto, possível e clinicamente interessante diferenciar, entre as gestantes, aquelas que podem estar precisando de mais atenção emocional:

> "Apenas se a mãe estiver sensibilizada do modo que descrevi, poderá sentir-se no lugar do bebê, indo ao encontro de suas necessidades. Estas são, inicialmente, necessidades corporais, e gradualmente se tornam necessidades do ego, na medida em que a elaboração imaginativa emerge desde a experiência física. Aí aparece uma relação de ego entre a mãe e o bebê, desde a qual a mãe se recupera, e fora da qual o bebê pode eventualmente construir a idéia de uma pessoa na mãe. A partir desse ângulo o reco-

> nhecimento da mãe como uma pessoa virá de modo positivo, normalmente, e não a partir da vivência da mãe como um símbolo de frustração" (Winnicott, 1956, p. 303).

De acordo com a teoria dos campos (Herrmann, 1992), o ser humano defende-se contra o enlouquecimento, vale dizer, contra as agonias impensáveis (Winnicott, 1963), usando a representação como uma espécie de filtro, que possibilita que o real se transforme numa superfície que de um lado traz a realidade, enquanto representação do mundo, e de outro a identidade, enquanto representação de si. Desse modo, na maior parte do tempo, o *self* faz uso da representação, sendo que esse uso pode ser mais ou menos criativo, mais ou menos aderido, mais ou menos defensivo. Representação, neste contexto, tem um sentido amplo, figurado e simbólico, não se restringindo, de modo algum, ao discurso verbal. Ora, para realizar o trabalho identificatório que lhe permitirá fornecer o ambiente necessário para a experiência de ilusão do lactente, a mãe deverá abrir mão desta modalidade de manejo da vida. Os limites identitários serão perturbados, em favor da acolhida do bebê. A experiência de entrar em contato com o bebê, este desconhecido/conhecido, é, de fato, um mergulho no real, no mistério da vida. É terrível e é maravilhosa, exigindo muito do psiquismo da mulher. Entendendo que a psicose não é a loucura, mas a tentativa, sempre problemática, de fugir ou se recompor da loucura, fica claro que é muito importante que o enlouquecimento *sadio* da mulher receba o acolhimento ambiental necessário, evitando-se o risco de psicotização.

A idéia de acompanhar o processo de entrada da mãe no estado de preocupação materna primária, por meio de sonhos, parece interessante. Ainda que desconhecendo, na época, as teorizações winnicottianas, foi o que fiz, na medida em que me propus estudar o fenômeno regressivo a partir da análise de sonhos de gestantes (Tsu, 1980). A proposta, na ocasião, era verificar se, no decorrer dos meses gestacionais, apareceriam indícios de regressão às fases oral, anal e genital primária do desenvolvimento. Entretanto, como afirmei, apareceram, em meio aos sonhos, cinco marcadamente diversos, que transcrevo a seguir.

Retomei esse material a partir do uso do método psicanalítico que entendo, com Herrmann (1991), como conjunto de operações que visa à elucidação dos determinantes lógico-emocionais, de acordo com os quais está estruturada toda e qualquer manifestação humana de conduta. De acordo com essa concepção, o inconsciente não é uma segunda mente ou parte de um cérebro metafórico, e sim uma virtualidade produtora de sentidos, espécie de avesso da conduta, no sentido que este termo plenamente assume em Bleger (1963). Em termos práticos, o método psicanalítico se atualiza por meio de três passos que podem ser assim apreendidos: *deixar que emerja, tomar em consideração e completar o desenho* (HERRMANN, 1991).

Trabalha-se, nesta perspectiva, considerando que a leitura de cada texto onírico vai criar uma produção intersubjetiva, resultante do encontro entre o narrador e o leitor; como se os relatos, como metáforas, gerassem no destinatário da comunicação, de modo ressonante, outras tantas fantasias, entendidas na acepção precisa de sentido potencial (HERRMANN, 1991; OGDEN, 1996). Ou seja, em nenhum momento se nutre a pretensão de acesso ao *verdadeiro* sentido inconsciente de cada relato. Nestes termos, adota-se a coerência como critério de verdade, o que é completamente condizente com a idéia de manutenção da análise em nível psicológico (BLEGER, 1963), em que a causalidade é sempre expressa como motivo ou razão humana. Ou seja, entendo que o abandono do critério veritativo da correspondência harmoniza-se com o fato de não realizar nenhum tipo de reducionismo, nem sob forma de biologismo, nem como abstração metapsicológica de feitio fisicalista.

A partir da idéia de que a aplicação do método psicanalítico, dentro ou fora do *setting*, consiste sempre na produção de um inconsciente relativo, que surge a partir de uma atividade imaginativa compartilhada, que é um entrelaçamento de fantasias compreendidas como sentidos potenciais, entendo que o encontro analítico se dá em campo transicional (Winnicott, 1971). Nesse encontro, duas subjetividades se defrontam e se transformam mutuamente, através da trama de fantasias (associações/interpretações) que gera renovados significados, a partir dos quais novas formas de ser e de viver podem vir à tona.

SONHO 1

> "Fui a Araraquara, onde mora minha mãe, e lá chegando, ao invés de parar no andar da mamãe, o quinto, fui para o nono, o da tia M., porque minha prima tinha ido me buscar na rodoviária. Queria descer na mamãe, mas não me deixaram. A viagem de elevador foi muito longa, e à medida que ele subia ia se tornando menor; não nos dando o mínimo de segurança. Além de pequeno ele ia pendendo, e eu cheguei ao fim da viagem completamente pendurada na barra do elevador. O interessante é que ninguém notou o problema do elevador, porque quando eu falava no assunto ninguém achava nada extraordinário nisso. O apartamento dessa tia fica no mesmo prédio do da mamãe, porém a decoração o deixava completamente diferente. Se me lembro bem, tinha um piano exageradamente grande, tinindo de novo. O tapete da sala, que ela insistia em dizer acarpetada, estava todo rasgado na beirada. Tudo era velho, com exceção do piano. Ela, a tia, ficava o tempo todo correndo pelo apartamento. Quanto mais ela varria, mais poeira branca ia se esparramando. Peguei uma vassoura e comecei a varrer também" (Tsu, 1980, p. 56).

As imagens iniciais desse relato, fazendo apelo à possibilidade de diminuição relativa do tamanho e da segurança do elevador, conduzem facilmente à fantasia de que esteja referindo-se a uma condição intra-uterina, caracterizada pelo crescimento pronunciado do bebê, que tornaria certamente o continente desconfortável.

Parece pouco provável que um bebê possa ter vivido algo assim, mas certamente não é incompreensível que uma mulher adulta, ao pensar na condição de um feto, possa fazer essa representação. O sonho prossegue contando de uma recepção que, se não é completamente desastrosa e apavorante, pelo menos se revela um pouco decepcionante. Não pára no quinto andar, mas chega ao nono, onde é obrigada a descer, dependurada que está a uma barra que talvez seja uma alusão ao cordão umbilical. Haveria uma fantasia de permanecer ligada à mãe uterina do quinto mês, evitando um encontro com uma mãe-tia desajeitada? A *recém-nascida* não obtém uma recepção verdadeira, não consegue mobilizar as atenções do ambiente e tem de se adaptar, *dançar conforme a música,* passando a varrer como sua tia, ainda que se trate de uma atividade absurda, pois obtém o oposto do que pretende, esparramando pó. Todo o clima do sonho lembra os escritos de Lewis Carroll, fazendo apelo à entrada em um mundo um pouco sem sentido. O que existe de novo, *recém-nascido* é um piano *tinindo.* Ora, que estranha representação! Um piano é certamente algo precioso, caro, importante, raramente alguém tem dois pianos... A mesma mulher traz o próximo sonho.

SONHO 2

> "Estava fazendo um piquenique à beira de um rio. Tinha bastantes flores e pássaros. O sol brilhava sem queimar. Estava sentada sobre uma toalha à sombra de um ipê amarelo. Tinha uma cesta de piquenique cheia de coisas gostosas, como sanduíches, bolos e frutas. A água do rio era azul e completamente transparente. O fundo do rio era de areia branca e cristalina. Quando entrei na água percebi que peixes vinham brincar comigo. Eram todos vermelhos e brilhantes. Acordei" (Tsu, 1980, p. 61).

Essa narrativa leva o leitor a uma situação idílica. Aqui não se fala de saída, mas de entrada em um mundo aquático, cheio de cor, vida, movimento. Sair é difícil, entrar é muitíssimo bom. A aproximação dos dois relatos leva ao seguinte pensamento: dentro é muito bom; fora, ao nascer, pode ficar confuso. Essa confusão não chega a ser concebida como extremamente angustiosa, mas de todo modo desencontrada e desconfortável. Haveria um desejo de permanecer não nascida, por volta do quinto mês.

SONHO 3

> "Estava num recinto estranhíssimo. Sem janelas, fechado, como se fosse o alto de uma torre. No centro havia uma abertura no chão que dava para um lugar bem profundo. Eu e outras pessoas ajudávamos uma colega minha de serviço a entrar dentro de um saco, tipo de roupa de escafandrista, e a descer por aquele buraco, pendurada numa corrente de ferro. Fazíamos tudo isso em silêncio, com medo, muito preocupadas com a chegada de alguém que, não sei quem é, atrapalharia tudo. Ela desceu e deu tudo certo. O próximo a descer foi P., outro colega de serviço. Só que agora as pessoas desciam e morriam. Eram sacrificadas. O P. foi o único que não desceu passivamente. Eu tentava empurrá-lo com o pé para que tudo acabasse logo. Sabia que ele morreria, mas mesmo assim ajudava a empurrá-lo com o pé. O buraco desta vez estava cheio de lama. Somente quando ele relutou é que eu me questionei a respeito de estar tentando matá-lo. A partir daí não o empurrei mais, preocupada com as pessoas que poderiam me ver e me acusar depois" (Tsu, 1980, p. 69).

O lugar estranhíssimo, sem janelas, fechado, como se fosse o alto de uma torre com abertura no chão, dando para um lugar bem profundo, evoca, facilmente, associações com a cavidade uterina.

A placenta, o cordão umbilical e a vagina confundida com uma cloaca perigosa também podem ser vistos como aí representados pela roupa de escafandrista, pela corrente e pelo buraco cheio de lama. Vemos aí que a sonhadora parece associar o momento do nascimento com o perigo de morte, de modo que deixar o recinto possa significar sacrifício, morrer ou matar. Assim, a narrativa evoca reflexões acerca da vida e da morte, no sentido de interpelar acerca do significado da vida, enquanto fala da aflição daquele que nasce. O próximo sonho foi relatado por outra mulher. Diferentemente dos anteriores, faz uma alusão manifesta à situação de nascimento.

SONHO 4

> "Sonhei que estava numa banheira cheia de água, em um prédio onde tive algumas aulas no primeiro ano da faculdade. O banheiro era semelhante ao quarto onde meu tio se encontra atualmente hospitalizado, com uma doença muito grave, leucemia. Terei o bebê nesse mesmo hospital, porque sou conveniada. A mamãe estava numa sala abaixo, a banheira era num plano mais alto. Eu olhava pela janela em certa perspectiva, olhava para baixo, estávamos no terceiro andar. Vi uns moços que vinham chegando, e nós naquela expectativa, não sei se queríamos que eles chegassem ou se estávamos com medo. Não sei se eram policiais ou médicos. Vinham sérios e decididos em nossa direção. Aí a mamãe entrou na banheira comigo e nós ficamos escondidas esperando até eles chegarem" (Tsu, 1980, p. XXX).

Esse material evoca, a meu ver, o sentimento de que o parto é uma experiência de separação entre pessoas. No caso, essa separação parece ser imposta por entidades masculinas, policiais ou médicos. Aparentemente, o feto, que está dentro da banheira, ainda admite com mais tranqüilidade o próprio parto do que a parturiente que, desdobrada sob a figura da mãe da sonhadora, regride a ponto de igualar sua condição à do bebê. Pode-se pensar na existência de forte ambivalência em relação ao nascimento que o pólo materno expressa mais claramente, voltando para o útero-banheira. Tem-se a impressão de que a separação é simbolicamente equacionada à morte, no sentido de que o cenário em que tudo se passa é o mesmo em que atualmente a gestante presencia a doença grave do tio.

O próximo sonho também aborda o nascimento, mas de um ângulo diverso. Aqui não aparece elevador, rio, banheira, torre, nem nada equivalente. Trata-se de uma situação de sala de aula, na qual um ser humano é construído por um professor.

SONHO 5

> "Sonhei que estava na USP. Era uma noite fria e chuvosa. Meu marido estava em aula, e meu filho e eu assistíamos à aula com ele. Meu filho estava com um conjunto de tricô feito por minha sogra. A USP ficava num lugar deserto e escuro, parecia Bertioga. As ruas eram de terra e estavam enlameadas. Na aula o professor estava ensinando a fazer uma mulher de argila, modelando. Ele fez os olhos, o nariz, e a boca não quis fazer, colocando no lugar uma faca, tipo canivete. O professor era bem moreno e meio careca. Na altura da testa havia uma tira de seda segura por dois canivetes enfiados na fronte. Quanto à mulher, eu lhe perguntei por que não fazia a boca, pois estava impressionante. Ele me respondeu que não, que era bobagem. Após ter modelado, falou para a moça de argila abrir os olhos. Ela então abriu os olhos e sentou. Era uma japonesa com cabelos compridos e pretos. Tinha olhos vermelhos, congestionados. Então, preocupada com meu filho, eu saí dali e fui procurar o carro para ir embora. Chovia muito; co-

> mecei a dar voltas no quarteirão e não encontrava o carro. Quando cheguei novamente à frente do prédio, encontrei meu marido e um amigo dele vindo em minha direção, meu marido em nosso carro e o amigo em um carro azul. Eles encostaram o carro com a frente para a guia. Eu e meu filho ficamos entre os dois carros, quando de repente um Galaxie vinha de ré e estava nos prensando entre os carros. Então gritei e o chofer respondeu que estava salvando uma vida. Quando olhamos, no chão estava uma senhora de cabelos grisalhos deitada na frente do carro. Nesse instante, escuto uns gritos. Olho do outro lado da rua uma outra senhora deitada em cima de meu filho e um homem querendo sufocá-la. Não vi o rosto do homem, só sei que estava de galochas. Comecei a gritar: 'Meu filho, meu filho!' E então uma voz disse: 'Você deixaria tudo por seu filho?' E eu respondi: 'Sim, tudo por meu filho...'" (Tsu, 1980, p. 72).

É interessante notar que, depois desse relato tão longo, que tinha sido antecedido de sonhos bem mais curtos, a gestante só trouxe, até o final, sonhos de tamanho bastante menor. Logo de início, essa narrativa provoca associações com o mito bíblico de criação do homem, na medida em que a matéria-prima utilizada é a argila que, modelada, recebe vida. Um professor bem moreno e careca constrói uma mulher japonesa, diante da sonhadora, de seu marido e de seu filho mais velho. A sonhadora parece estar dizendo que não tem nenhuma responsabilidade quanto ao nascimento de mais um bebê. Sua família e ela mesma são pessoas de pele muito clara, sem nenhum parentesco possível com as personagens do sonho. O fato é que um professor-escultor modela uma estátua, ensinando a fazer um ser humano de um modo fecal e agressivo. Facas introduzidas na fronte e uma boca feita com uma faca falam diretamente da grande violência que é associada à reprodução humana.

A sonhadora e seu marido nada têm a ver com a obra, que é da responsabilidade de um outro, do qual são aprendizes. Ela, ao contrário, chega a assumir uma atitude bastante crítica diante do resultado do trabalho. Estará dizendo que, se vier a fazer algo semelhante, será por culpa das autoridades de sua vida, de seus *professores universitários*? Deste modo, seria possível pensar que o professor moreno condenasse os adultos, mormente o pai e a mãe da sonhadora?

Como se viu, quando a modelagem terminou, a narradora sentiu tanto horror que precisou fugir do ser criado de modo tão odioso. Dizendo que se trata de uma japonesa, tenta reassegurar-se através da crença de que nada tem a ver com a criatura. Esta, aliás, tem uma faca na boca (uma oralidade monstruosa e agressiva?), além de ter as próprias faculdades mentais atacadas por dois canivetes enfiados na fronte.

A segunda parte do sonho, que se constitui a partir de sua tentativa de fuga, só contém agressões. Assim, toda a agressividade que, inicialmente, tinha sido depositada no professor e na japonesa acaba por tornar o ambiente extremamente persecutório. A sonhadora não encontra apoio no marido, que aparece desdobrado em amigo e chofer. Estes, aliás, também a atacam, embora neguem hipocritamente a agressão, de modo que, quase a matando, o chofer declara estar salvando uma vida. Tudo isso ocorre em um cenário que, em termos de elaboração imaginativa de funções corporais, lembra explicitamente um mundo fecal, em meio à chuva e à lama.

Vale a pena refletir sobre as agressões ocorridas. De início, a gestante e o filho mais velho são prensados entre os carros. Em seguida, uma velha é salva-atropelada. Depois, outra senhora ataca o filho da sonhadora para ser sufocada por outro homem. Temos aí, portanto, que as mulheres-mães e o produto da genitalidade, o filho, são as vítimas da agressão. A figura maternal, aliás, aparece várias vezes atacada.

Parece que o sonho traz a seguinte questão: como gerar um filho que não ponha a manifesto a violência e a agressividade, o ódio e a voracidade, se o modelo apresentado da reprodução é sádico? É possível ter um filho sem temer represálias, uma vez que a figura materna é várias vezes agredida de modo intenso?

Em meio a tanta destrutividade, a sonhadora entra em verdadeira paranóia no final do relato. Não consegue sequer salvar o filho, ficando apenas a gritar na tentativa de aplacar uma entidade poderosa. Termina procurando obter permissão para a maternidade através de uma barganha: dá tudo para ter seu filho.

O conjunto desses cinco relatos, em meio aos trezentos e onze, destacou-se na medida em que parece trazer pensamentos e sentimentos mais profundos acerca da condição de nascituro. O tom de cada narrativa tem a ver, certamente, com o estilo onírico de cada mulher. Entretanto, todos mostram maior ou menor ligação com temas relativos à morte, desencontro, separação, desconforto, perigo. Entende-se que o bebê esteja enfrentando uma situação extremamente difícil, uma situação-limite, verdadeiramente angustiante.

Creio que alguns entenderiam esse fato apenas como expressão do medo da mulher de dar à luz, na medida em que essa tarefa tem sido verdadeiramente perigosa ao longo dos séculos. Entretanto, tenho a impressão de que estão, de fato, sensibilizadas com a chegada do bebê a um mundo novo. Será um apartamento de uma dona de casa obsessiva? Será um salto no escuro de um lugar enlameado, salto que não se sabe se conduz à vida ou ao sacrifício? Será à beira de um riacho piscoso, com boa comida, flores e pássaros? Será a saída de uma banheira para um quarto de moribundo? Será a saída para um mundo violento e sujo?

Talvez se possa não propriamente concluir o assunto, mas pelo menos interrompê-lo de modo mais adequado, lembrando que, afinal de contas, o nascimento não é menos misterioso que a morte. Não é difícil entender que remeta a profundos questionamentos sobre a vida. Surge a questão: como, então, a mãe consegue se preparar? Esses sonhos dizem mesmo algo sobre esse preparo? Possivelmente Winnicott (1956) estava mais certo do que pensava quando assinalou que o estado de preocupação materna primária tinha algo a ver com a loucura. Pode ser, inclusive, que esse estado se pronuncie não apenas para que a mãe possa atender o bebê, mas para que seja capaz de comover o meio ambiente social próximo, que pode resgatá-la de muitas angústias. Afinal de contas, pode ser que nascer seja menos complicado do que deixar nascer...

Capítulo 2

A maternidade e a clínica winnicottiana[1]

Tania Mara Marques Granato

A maternidade

Tomando o conceito de preocupação materna primária (WINNICOTT, 1956) para lançar alguma luz nos encontros misteriosos que teríamos com mulheres durante suas gestações e o período pós-parto (GRANATO, 2000; 2002), deparamo-nos com as idéias que Donald Winnicott desenvolvera, ao longo de toda a sua obra, a respeito do relacionamento mãe-bebê como matriz geradora do desenvolvimento emocional do indivíduo.

A preocupação materna primária foi descrita, por seu criador, como o estado psíquico especial em que se encontraria a gestante, ao final da gestação, e a mãe nas primeiras semanas ou meses que

[1] Trabalho elaborado a partir da dissertação de mestrado de Tania Mara Marques Granato, sob o título *Encontros terapêuticos com gestantes à luz da Preocupação Materna Primária*, apresentado ao Instituto de Psicologia da Universidade de São Paulo em 2000, sob orientação da Professora Livre-docente Tânia Maria José Aiello Vaisberg.

se seguem ao parto. Nessa época a mulher se torna gradualmente retraída e ensimesmada, deixa de investir naqueles que seriam seus interesses habituais, parecendo drenar toda a sua energia para o cuidado do bebê. Se esse estado devotado (Winnicott, 1952), característico dos primeiros tempos, pode causar estranheza aos familiares e amigos que passam a descrever a jovem mãe como alguém que se tornou "possessiva", "desconfiada" e "anti-social", é ele que inaugura o campo de experiências necessárias para o desenvolvimento emocional saudável do bebê. Nesse sentido, a mãe precisa ser saudável o bastante para "adoecer" dessa maneira especial, rendendo-se ao estado *preocupado*, tanto quanto para recuperar-se dele, à medida que o bebê a libera. De uma adaptação materna sensível depende a satisfação das necessidades básicas do bebê, sejam elas físicas ou psicológicas.

Supondo o desenvolvimento saudável da preocupação materna primária, estaremos em posição de observar de que é feito o cuidado materno que ora se apresenta como técnica sofisticada, ora como tarefa simples e corriqueira (Winnicott, 1949[a]), num paradoxo que só pode ser sustentado pela mãe dedicada. Winnicott nos fala de três elementos que fundamentam o cuidar (Winnicott, 1967[a]):

> – O sustentar *(holding)*, entendido como o colo físico e psicológico oferecido ao bebê que, partindo de um estado de não-integração inicial (Winnicott, 1954[b]), tende à integração (física e psíquica) ao ser sustentado e protegido das intrusões do mundo externo. O colo materno carrega ritmos, texturas, cheiros e tensões que podem adaptar-se, criar ou invadir o processo de constituição do *self* do bebê.
>
> – O manejo *(handling)*, que envolve toda a sorte de cuidados físicos dispensados ao bebê (o amamentar, o toque, a mudança de posição, a carícia, a troca de fraldas, o banho, o embalar), possibilitando a integração psicos-

somática (Winnicott, 1949[b]; 1954[a]), já que a psique se formaria a partir da elaboração imaginativa das vivências corporais. A manipulação do corpo do bebê, que se dá através do toque que não interrompe o ser em continuidade, traça os contornos do *self* e faz do corpo a morada do eu, propiciando assim a experiência de personalização.

– A apresentação de objeto *(object presentation)*, quando o quantum de realidade externa é filtrado ou "dosado" pela mãe (Winnicott, 1949[c]), de acordo com as necessidades e habilidades do bebê, permite a recriação do mundo levando em conta a crescente tolerância do bebê ao que lhe é externo. Aqui caminhos são traçados em direção ao relacionamento interpessoal, ao compartilhamento de realidades e à realização do *self* no mundo.

Para além da pesquisa que pretendia investigar o processo de preocupação materna primária em gestantes e puérperas, pudemos colher miríades de vivências maternas, cuja expressão só foi possível porque ousamos considerar os "desvios" que se insinuavam em nosso caminho principal. Tal qual a *Chapeuzinho Vermelho* do conto de Perrault,[2] ficamos fascinados diante da multiplicidade de cores e formas que se apresentavam diante de nós e optamos por um detido passeio pelo bosque, a fim de que cada flor pudesse ser apreciada em sua singularidade. Sabemos que a ousadia de recusar um caminho já trilhado no campo da pesquisa envolve a elaboração de ansiedades por parte do pesquisador, que sabe que escolhe seu método em função dessas ansiedades (Devereux, 1967) e que pode ser levado por interpretações apriorísticas (Silva, 1993), o que por si só já são obstáculos para que o novo se revele. Ao final da jornada, também pudemos notar o quanto do fazer terapêutico havia sido tecido nas malhas do fazer do

[2] Charles Perrault (1628-1703), escritor francês e autor de alguns dos célebres contos de fadas.

pesquisador, expondo-nos a maneira como o conhecimento pode ser construído em Psicologia Clínica, integrando-se à pesquisa a possibilidade de se fazer presente no encontro com o outro.

A força das histórias, a riqueza das fantasias, a profusão de associações e a intensidade das ansiedades colocavam-nos em contato com um mundo primitivo de sensações e medos arcaicos. O parto, como divisor de águas ou catalisador de toda uma vida, expunha o núcleo em torno do qual o *self* vinha constituindo-se enquanto corpo e psique. Nesse sentido, a gestação, o parto e a maternidade parecem configurar-se como movimentos revolucionários que colocam em xeque a experiência humana até ali vivida em suas dimensões biológica, psicológica e social, oferecendo-se tanto como oportunidade de renovação ou recriação do vivido, quanto de submissão às demandas externas (Winnicott, 1960[a]). Não podemos deixar de citar que, em alguns casos, a desorganização psíquica se mostrou como única reação possível frente a um sofrimento vivido como intolerável. Também nos foi possível observar, em relação à organização psicossomática daquelas mulheres, gradações que iam desde o alojamento confortável da *psique* no corpo que se transformava, passando por tentativas mais ou menos sofridas de processamento das novas vivências corporais e emocionais, até a fuga para a mente, aqui entendida como um caso especial de funcionamento da psique-soma (Winnicott, 1949[b]), em que os processos intelectuais assumem o cuidado do *self* nos casos de falhas ambientais.

As flores

Prímula[3] temia que o parto normal "rasgasse" sua vagina, que, uma vez deformada, não poderia mais conter o pênis de

[3] Os nomes das pacientes, de seus bebês e de seus maridos foram substituídos por nomes de flores, com a finalidade de preservar suas identidades.

seu marido, privando-a de sua identidade sexual e do prazer genital. Tamanho era o medo de ser destruída pela mãe invejosa que Prímula se viu impelida a ocultar a gravidez até o momento do parto – cuidadosa manobra que visava assegurar o bem-estar de seu bebê. Prímula havia sido marcada por repetidas rejeições (KHAN, 1963) que culminaram no "convite" da mãe para que, aos 16 anos, deixasse seu lar, a fim de liberar seu quarto para uma possível locação. A depressão pós-parto a assombrava tanto quanto o "medo de ficar inconsciente" durante o parto, embora Prímula não percebesse o quanto de toda aquela ansiedade se relacionava com o fato de sua própria mãe ter ficado ausente de seu parto e de seus cuidados. Para o parto, sua mãe precisou ser anestesiada, em função do intenso descontrole emocional que exibiu durante o trabalho de parto, e foi somente após os três primeiros meses de Prímula que sua mãe assumiu os cuidados da filha, definitivamente. Uma tia desempenhava a função materna toda vez que a mãe de Prímula fugia de casa. A falha relação mãe-filha foi sendo substituída pelo amparo e dedicação que Prímula recebia de seu marido e, mais tarde, pelo cuidado terapêutico que, à semelhança do cuidado materno adequado, forneciam a base para a relação que estava para começar – a de Prímula com seu bebê.

Begônia temia a possibilidade de uso do fórceps, visto como o "ferro que arranca", e também a assustavam o tamanho da agulha da injeção, a fome forçada do pré-parto e a lavagem intestinal, que confundia com a lavagem estomacal. Diante de tanta angústia Begônia passou a sentir nojo do namorado, abandonou-o, preferindo voltar a viver "colada" em sua mãe, num movimento regressivo em que ela própria voltaria a ser o bebê de sua mãe.

Violeta expressava seus temores de inadequação enquanto mãe, descrevendo os horrores que vivera nas repetidas e frustradas tentativas de amamentar seu primeiro filho: "Fiquei com meu mamilo pendurado!" Mas agora, depois de uma gravidez adolescente, esperava atingir seu intento: "ser uma mãe completa".

Queria ser capaz não só de dar à luz, mas também de cuidar e amamentar o segundo filho.

Rosa temia a passagem destruidora do corpo do bebê pelo canal de parto, já que em sua família todos os bebês nasciam grandes; ela costumava tranqüilizar-se com a promessa do médico de que o parto seria cesariano, justificando a conduta médica pelo tamanho de seu bebê e não devido ao quadro de placenta prévia, como era seu caso.

Gérbera e Gardênia, vitimadas pela desestruturação psíquica que experimentaram após seus partos anteriores, puderam afastar o fantasma do passado, quando este adquiriu o sentido que faltava ao ser integrado à história de falhas ambientais na vida de ambas.

Camélia, às voltas com "um quadro depressivo com sintomas fóbicos", diagnóstico médico que insistia em repetir, lutou contra a vivência de "invasão" por parte daquele feto que contra todas as probabilidades (ela apresentava sérios problemas hormonais) havia se alojado em seu útero. O conflito emocional entre o querer abrir espaço para um filho, ao mesmo tempo em que desejava reaver o lugar perdido, desembocou num aborto espontâneo, aos três meses de gestação, interrupção tão lamentada quanto bem-vinda, já que lhe devolvia a integridade outrora ameaçada. "Agora sou mocinha de novo!", comemorava Camélia.

Orquídea antecipava a sensação de estranhamento da mãe que se defronta pela primeira vez com seu bebê recém-nascido, imaginando que se o amor entre mãe e filho não se desse "à primeira vista", estaria comprometido para sempre. Foi extremamente confortador para Orquídea ser apresentada à versão segundo a qual o amor materno é construído no dia-a-dia da relação mãe-bebê, havendo assim ainda muitas chances para que essa dupla venha a se comunicar.

Hortência hesitava em deixar o lugar de filha para ocupar o de mãe, duvidando da própria capacidade para se dedicar a alguém "por vinte e quatro horas", quando teria de "abrir mão dos mimos" que costumava receber do marido e de seus pais. A gravidez prolongava um pouco mais a gostosa sensação de ser muito bem cuidada; entretanto, o parto sinalizava o momento em que aquele mesmo tratamento passaria a ser demandado pelo bebê, perdendo assim todas as regalias que obtivera até então.

Acácia e Margarida, pelo contrário, sabiam das modificações que a maternidade traria para suas vidas, mas não era isso que as assustava, mas que fossem enredadas pelo prazer que a relação mãe-bebê poderia lhes dar, tornando-se prisioneiras do amor materno. Numa espécie de escravidão voluntária, temiam não mais encontrar sentido nas demais áreas de realização pessoal, por exemplo, como esposas ou profissionais, sendo irremediavelmente seduzidas pelo estado materno.

O corpo

Na gestação, as sensações proprioceptivas e as que nos chegam através dos órgãos dos sentidos apresentam-se especialmente investidas, produzindo ricas associações entre os alimentos, aromas, cores e texturas, e as vivências de prazer, repulsa ou descanso que imaginativamente os acompanham. Sensações provenientes dos movimentos do feto também estimulam a imaginação das gestantes, que ora os compreendem como pura diversão e deleite, ora como reação hostil do feto frente a uma experiência emocional da mãe (é muito comum na gestante o medo de dano emocional ou físico ao feto, conseqüente à descarga de suas próprias emoções). Desse modo, as vivências corporais sempre se fizeram acompanhar de histórias relatadas e exploradas naqueles encontros, testemunhando a elaboração psíquica, que subjaz o entrelaçamento psicossomático saudável (Winnicott, 1949[b]), e a facilitação desse processo pela escuta psicanalítica.

Se nos voltarmos para trechos de algumas das histórias que nos foram contadas e revividas naqueles encontros terapêuticos, seremos capazes de atestar a singularidade da experiência emocional de cada mulher na área da maternidade; assim como a delicadeza do manejo clínico do profissional que se propõe a trabalhar a partir de um enquadre ético, no qual a experiência humana é antes respeitada, nunca indexada e muito menos submetida.

Prímula e Narciso

Prímula, tornada órfã pelas inúmeras interrupções que caracterizaram o vínculo com sua mãe, encontrou no marido dedicado um substituto materno para que pudesse viver, pela primeira vez, as experiências de intimidade e confiança. Desafiando a praga que sua mãe lhe rogara, dizendo que "Deus não manda filho para gente ruim", Prímula engravidou. E apesar do medo confesso de que o bebê viesse perturbar o cuidadoso arranjo que providenciara em sua vida conjugal, Prímula se enchia de esperança e felicidade.

Prímula precisava viver a experiência de ilusão (Winnicott, 1954[b]), sempre bruscamente interrompida, mas nunca totalmente abdicada. O uso que Prímula fazia da terapeuta (Winnicott, 1969[a]) atestava essa necessidade: primeiramente "esqueceu-se" do nome da terapeuta, passando a chamá-la de Vera, numa criação absolutamente subjetiva, que foi mantida até o nascimento do filho Narciso, quando se recorda do nome real, para nunca mais o esquecer. Outra demanda de Prímula era de que a psicoterapeuta estivesse presente também em sua corporeidade (Safra, 1999), ajudando-a na preparação de um *setting* para amamentar seu bebê (Winnicott, 1949[d]), pedindo-lhe que alcançasse objetos ou que segurasse seus protetores de seio; ela também ousou confiar no colo da terapeuta, deixando Narciso em seus braços sempre que precisava usar o toalete. Confiabilidade corriqueira para mulheres mais afortunadas, em termos do ambiente emocional que encontraram ao nascer, mas que significava muito para quem precisou esperar alguns anos até que pudesse confiar o filho aos cuidados da própria avó. Após o parto de Narciso, tomada de assalto por dores provenientes de mastite e medos que lançavam dúvidas sobre a própria capacidade materna, Prímula resiste a procurar tanto a ajuda do médico quanto a da psicoterapeuta, dizendo que pensava que todo aquele sofrimento fazia parte do "kit maternidade". No terceiro telefonema da terapeuta, Prímula lhe conta aos prantos um sonho em que ela, como um fantasma, havia sido ignorada pela mãe, cujo rosto sofrido jamais se virou para olhar para a filha. Quando a terapeuta respondeu ao apelo daquele sonho, dizendo a Prímula que, apesar de seu intenso sofrimento, ela também estava virando o rosto para a terapeuta, o retorno ao atendimento psicológico pôde acontecer. Retorno marcado pela mágoa de não ter a mãe a seu lado, já que estavam "brigadas" há muito tempo. Prímula aceitou substituir a mãe pelo marido e pela terapeuta, mas nunca abandonou a esperança de poder "correr para o colo materno" de novo.

O Cravo brigou com a Rosa[4]

Nascida numa família de mulheres fortes, independentes e autoritárias, Rosa não fugiu a essa regra. Criada pela avó materna e pela mãe, que a deixava na creche enquanto trabalhava, fora abandonada pelo pai alcoólatra, sem saber que viveria o mesmo drama com seu marido. Grávida de Cravo, ela sonhava com a possibilidade de ter uma família completa, desfrutando dos prazeres desse tipo de convivência assim que sua filha nascesse. No entanto, o final da gravidez de Rosa deixou-se marcar por novas desilusões. Como suas sessões precisaram ser interrompidas pela recomendação médica de que se mantivesse em repouso absoluto, passamos a nos comunicar por cartas que traziam a aridez

[4] Nome de uma cantiga infantil: "O Cravo brigou com a Rosa./ A Rosa brigou com o Cravo./ O Cravo saiu ferido./ E a Rosa despedaçada...".

que gradativamente tomava conta do casamento de Rosa. Num de nossos encontros, Rosa mencionou a cativante história que Cravo lhe havia contado sobre as aventuras de uma princesa africana; apaixonados os dois decidiram, em meio a promessas de amor eterno, que se um dia tivessem uma filha, esta levaria o nome da princesa. Mas um incidente, que Rosa entendeu como contratempo absolutamente contornável, varreu a história de amor que Cravo e Rosa escreviam para si mesmos.

Ao final da gravidez de Rosa, sua avó querida tem um sonho em que é revelado o nome de sua futura bisneta e pede que Rosa batize seu bebê respeitando os desígnios manifestados naquela noite. Foi assim que, desconsiderando a promessa feita a Cravo, Rosa deixou-se enredar pelo desejo da avó, comunicando ao marido sua intenção de dar à filha um novo nome. Cravo reage ao que considerou uma invasão com grosserias, bebedeiras e infidelidade, retirando o apoio incondicional que dedicava à esposa, num grito de revolta: "Eu nasci para ser livre!" Presa na teia matriarcal, Rosa sufoca e tenta ainda uma vez recuperar a ligação com Cravo. Oferece-lhe como alternativa um nome duplo para a filha, que receberia também o nome da princesa, colocado ao lado do nome escolhido pela avó. Transtornado, Cravo se vinga registrando a menina com o nome de uma pedra, tornando-a assim filha de ninguém.

Numa visita domiciliar, pude atestar a devastação da vida pessoal de Rosa, que se queixava do vazio deixado pelo abandono do marido. Apesar de viver uma relação prazerosa com seu bebê, não a via como suficiente para qualquer mulher. Sem o querer ela parecia seguir o destino das mulheres de sua família...

A superpreocupação de Violeta

Grávida aos 16 anos, Violeta não pôde viver a maternidade do ponto de vista materno, precisou trabalhar enquanto sua mãe cuidava do bebê. Numa segunda gravidez, disposta a recuperar o tempo perdido, Violeta se envolveu de maneira tão intensa com os cuidados de seu filho que ainda se assusta com a equivocada associação que estabelecera entre a preocupação materna e a depressão pós-parto. Agora, durante a terceira gravidez e após a longa doença da mãe, Violeta percebe que já ocupa o lugar de mãe, mas busca ajuda psicológica para relaxar aquele cuidar, que lhe parecia excessivo. Não estava conseguindo deixar de se preocupar com a mãe, apesar da total recuperação dela, insistia em vigiar-lhe os passos, assumindo todo o cuidado da casa e das crianças, além de seu emprego. Violeta queria afastar-se da maternidade que não deixava espaço para a mulher e a esposa, receava ser lançada no abismo da relação fusional, cuja superfície imantada exercia forte atração sobre ela.

Diante da impossibilidade de amamentar seu novo bebê, Violeta encontrou um lugar para descansar na aceitação da mãe, do marido e da psicoterapeuta, que em uníssono afirmavam que uma mãe suficientemente boa já estava de bom tamanho. Pudemos atestar o conforto psicológico que uma proposta mais realista de maternidade havia produzido em Violeta, numa visita domiciliar em que ficou evidente o "cuidar relaxado" que ela tanto buscava.

Amarílis e o Espelho

A uma semana do parto, Amarílis procura nosso serviço[5] em busca de proteção contra as tempestades que estava prevendo para o período pós-parto. Uma vez assegurada de que seria atendida em caso de necessidade, Amarílis se despede para voltar quatro meses depois do nascimento de sua filha, queixando-se de que não se reconhece mais.

[5] *Ser e Criar*: Atendimento Psicológico à Gestante e à Mãe, ramo da *Ser e Fazer* do Instituto de Psicologia da USP, onde se desenvolvem a pesquisa e a clínica winnicottiana da maternidade.

Os poucos espelhos (WINNICOTT, 1967[a]) nos quais Amarílis poderia ver-se refletida, aqueles poucos rostos familiares já não existiam mais. Não chegou a conhecer o pai, de quem nada sabia, exceto alguns traços em seu próprio rosto que denunciavam a presença paterna naquilo que o diferenciava do rosto materno. Mas esse só pode ser olhado até os oito anos de idade de Amarílis, época da morte de sua mãe. Fora criada a partir de então por uma senhora a quem chamava de avó, sem o ser, e que também já havia falecido. O tio, seu último parente e então tutor, faleceu quando a sobrinha tinha 17 anos, deixando-a totalmente sozinha.

Mais tarde, em meio a um namoro já amornado pelos anos, Amarílis engravida de uma paixão que vivera no último verão. A gravidez indesejada é revelada ao namorado na esperança de que ele a ajudasse a encontrar uma solução para aquele dilema. O namorado se oferece como saída para o impasse, propondo-lhe casamento e a adoção daquela criança em seu nome; promete cuidar de Amarílis e de seu bebê, se ela assim o quiser.

Amarílis aceita a oferta de estabilidade, dando um pai a sua filha, mas ela continua sem lugar, não se reconhece no olhar do marido nem no da filha, dizendo que eles estavam tão apaixonados um pelo outro que "não tinham olhos para mais ninguém". Injusta, costumava dizer que "para eles era só um par de peitos!", numa espécie de aval para dar continuidade clandestina ao desejo que ainda sentia pelo pai de sua filha, desfrutando nos braços do amante um pouco mais daquele aconchego desinteressado. Em sua busca atrapalhada por um pai, Amarílis prefere manter o amante na ignorância de sua condição paterna, elegendo para a filha o pai que nunca tivera, seu dedicado marido.

Confusa em meio aos espectros que habitavam seu mundo nebuloso, Amarílis precisava poder enxergar, através dos novos rostos que a ela se ofereciam, o da filha, do marido, da amiga, do amante e da terapeuta, para a construção de um *self* a ser refletido.

A menina-mãe

Carregando o quinto filho no ventre, Gardênia trazia no rosto cansado a menina que, estuprada pelos irmãos, conheceu a dureza da realidade quando a ela somos apresentados precocemente (WINNICOTT, 1949[c]). Explicações foram produzidas pela família de Gardênia para justificar não somente o comportamento dos irmãos, como também daqueles que negligenciaram o devido cuidado. Seu pai culpava o alcoolismo dos filhos e sua mãe dizia que Gardênia estava "sempre metida nos matos", insinuando que a filha devassa fazia do agressor sua vítima.

As gestações e os partos anteriores de Gardênia se fizeram acompanhar de pequenas ou grandes tragédias. No primeiro parto deu à luz uma menina depois de uma queda no quintal; no segundo nasceu seu único menino por quem Gardênia ainda se preocupava devido às muitas convulsões que sofrera na infância. Desacreditada pela família, que a julgava "estranha", e já separada de seu primeiro marido, Gardênia cedeu à insistência do então namorado para que se casasse com ele, quando as necessidades emocionais de Gardênia apontavam mais para o colo materno (*holding*). Engravida do novo marido que, tendo lançado dúvidas sobre a paternidade daquele bebê, recupera sua confiança em Gardênia somente após o difícil parto da filha que, em função de um pós-datismo aparentemente negligenciado pela equipe médica, precisou de cuidados médicos especiais. Livre da ameaça de perder o bebê, Gardênia deixou o hospital naquele dia com a filha nos braços, ao lado do marido apaixonado e de posse de um equivocado atestado de óbito do bebê. Durante a quarta gestação, Gardênia desentendeu-se com a mãe, que na época estava a seus cuidados, precipitando-se num surto psicótico: recusando a oferta médica de internação, seu marido decide assumir o cuidado de Gardênia e o fez de maneira absolutamente maternal, banhando-a, alimentando-a e protegendo-a de toda e qualquer invasão ambiental (WINNICOTT, 1952). Quando a irmã de Gardênia já se preparava para levar seus sobrinhos para casa, tendo em vista o momento regressivo de Gardênia, que passou a viver na cama, abraçada a uma boneca, foi apanhada de surpresa pela pronta recuperação da irmã que, num salto, gritou: "Ninguém vai levar meus filhos!"

O quarto parto foi vivido com muitas dores e, apesar de mãe e filha gozarem de boa saúde física, Gardênia sucumbiu a novo episódio psicótico assim que se vira privada da presença do marido que, tendo chegado depois do horário permitido para visitas, foi barrado na porta do hospital. Gardênia lembra de seu impulso de jogar a filha pela janela, causando rebuliço no hospital, tranqüilizando-se apenas quando seu marido foi liberado para vir a seu encontro.

Como sobrevivente de um ambiente onde falhas básicas na área do cuidado materno parecem ter criado abismos intransponíveis, Gardênia chegou para o atendimento psicológico grávida de seu quinto filho. Mais uma vez, o *holding* se mostrou efetivo na contenção das angústias dela, para quem a condição feminina se configurava como lugar de saque, descrença e desamor.

Maternidade resgatada

Como a formiguinha que passa o verão estocando o alimento que garantirá seu sustento durante o inverno, Gérbera precisou preparar-se para uma segunda gravidez, uma vez que sua primeira experiência como mãe havia sido perturbada pelo episódio psicótico que se seguiu ao nascimento de seu primeiro filho. Gérbera contou e recontou sua história: o medo de morar no estrangeiro, caso seu marido conseguisse a bolsa de estudos que estava pleiteando, a falta de sintonia entre seus planos para o futuro e os dele, a hipertensão que a acometera no final daquela gravidez, a perda do lar enquanto se preparavam para deixar o Brasil, a insuportável dor do parto, a ansiedade com que passou a atender às necessidades do filho, a solidão quando o marido viajou para o exterior antes que ela estivesse bem, a falta de chão, os delírios, as alucinações, o medo do bebê e da própria maternidade, o psiquiatra, a psicoterapia e, finalmente, a total recuperação de Gérbera, a partir do momento em que foi detectada a necessidade de uma intervenção cirúrgica de emergência para seu bebê.

Tudo o que havia sido cuidadosamente catalogado (Winnicott, 1949[b]), aguardando o momento propício para sua integração ao *self*, foi trazido à luz naqueles encontros em que a visitação ao passado de Gérbera se fez tão necessária quanto o apoio familiar e profissional, naquela ocasião. Gérbera sentia que precisava apropriar-se das lembranças que seus familiares teimavam em esquecer para que estivesse mais inteira no momento em que desse à luz um segundo filho. O processo psicoterapêutico veio coroar os esforços de Gérbera, no sentido da recuperação da dignidade e respeito humano. Enquanto reconstruía sua história, Gérbera reescrevia a experiência materna num espaço intermediário que a resgatava do extremo desamparo vivido por ocasião do episódio psicótico e da idealização da mãe perfeita, resquício de seus sonhos infantis.

Gérbera deu à luz uma linda menina que, sem o saber, atestava não somente a recuperação da saúde mental de sua mãe, como também o amadurecimento emocional adquirido durante aquele sofrido percurso.

A preocupação materna e o psicoterapeuta

O segredo traz em sua essência a potencialidade para o desvelo (Phillips, 1997), pois carrega a esperança daquele que almeja revelar-se (Khan, 1983) num encontro autêntico com o outro. O transbordamento de segredos característicos da gestação, do parto e do pós-parto encontra a sustentação necessária no psicoterapeuta que se dedica a seu trabalho com "... toda a paciência, a tolerância e a confiança de uma mãe devotada a seu bebê..." (Win-

NICOTT, 1947, p. 353). Paciência para aguardar o gesto espontâneo do outro, seus matizes, ritmos e estilo próprios, oferecendo-nos como objeto de uso do paciente (WINNICOTT, 1969[a]). Tolerância para com as hesitações, oscilações e resistências dos movimentos do outro, tanto quanto para com nossos infinitos momentos de não-saber, indissociáveis da prática psicanalítica e da natureza enigmática do ser humano (RODMAN, 1997). E confiança, tanto no potencial criativo (WINNICOTT, 1966) daquele que apenas aguarda uma oportunidade para ser, quanto no poder terapêutico do encontro que acolhe o gesto espontâneo, inaugurando possibilidades para um viver mais verdadeiro.

Se o bom jardineiro se adapta às necessidades de suas plantas, oferecendo-lhes água, terra, luz, nutrientes, medicamentos e podas na medida de sua singularidade, também o terapeuta deveria ser capaz de conservar-se suficientemente flexível e vulnerável (WINNICOTT, 1960[b]), buscando a adequação de seu manejo clínico à singularidade de seu paciente (WINNICOTT, 1961; SUMMERS, 1999).

Dália nos mostrou o quão pouco foi preciso, em termos de intervenção psicoterapêutica, para que ela pudesse colocar em marcha a construção de uma maternidade que lhe fosse muito própria. A partir de uma frase dita quase inadvertidamente pela terapeuta: "Você já sabe tantas coisas...", Dália parece ter-se reconectado com algo como um centro de criatividade, a partir do qual ela poderia construir relações com o mundo em bases mais autênticas (WINNICOTT, 1960[a]) e, portanto, mais gratificantes.

Após longos anos de depressão, Frésia experimentou uma espécie de "renascimento" ao compartilhar com a psicoterapeuta um segredo que tanto lhe pesava a ponto de desejar morrer. O cuidado terapêutico sensível se mostrou como o ambiente imprescindível para que a revelação de Frésia se configurasse como momento mutativo (SAFRA, 1995), arrancando-a da "morte em vida". Aquele parecia ser o lugar e o momento certos.

O processo psicoterapêutico, assim como o cuidado materno, abriga o paradoxo simplicidade-sofisticação, tornando-se tarefa possível no momento em que resgata o psicoterapeuta da perniciosa proposta de neutralidade, e traz a relação terapeuta-paciente para os domínios da ética (Winnicott, 1971). Quando se abandona o paradigma sujeito-objeto em nossas pesquisas e em nossa clínica, descortina-se o encontro humano como objetivo, como método e como terapêutica. E para que nossos encontros terapêuticos acontecessem, tomamos algumas providências que se mostraram profundamente benéficas:

– O espaço físico da sala de atendimento foi modificado para acomodar a gestante e a mãe com seu bebê.

– Foi preciso flexibilizar o tempo do atendimento, de modo a conter as intercorrências e instabilidades próprias da gestação e pós-parto, reservando-se um horário maior para acomodar cada paciente.

– A disponibilidade da terapeuta precisou ser ampliada para além dos horários agendados, através de telefonemas, cartas ou visitas domiciliares, em prol da contenção de ansiedades vividas como intoleráveis.

– A aceitação e o respeito pela forma como cada gestante ou mãe experimentava e conduzia sua vida nos pareceu fundamental no estabelecimento de um vínculo mútuo de confiança.

– A espera, ou a paciência, tão característica da gestação quanto da atitude confiante da terapeuta que aguarda o ritmo próprio de seu paciente, também se configurou como marca de nossa clínica.

– Atitudes da psicoterapeuta que poderiam ser confundidas com atuações indevidas, como telefonemas, troca de correspondências, visitas domiciliares, participação nos cuidados do bebê, beijos e abraços, foram por nós compreendidas como o manejo especial e pertinente da experiência que ali estava sendo vivida, tendo como procedência a comunicação silenciosa que pode estabelecer-se entre paciente e terapeuta.

– A psicoterapeuta ofereceu a suas pacientes interpretações (Doin, 1995), histórias, associações livres, sorrisos, movimentos, olhares e tonalidades de voz que, mais do que compreensão intelectualizada, comunicava sua disposição interna para o acolhimento da paciente. Enfim, o que se oferece ao paciente é a pessoa do terapeuta, não apenas seu conhecimento técnico, mas o saber daquele que está presente em sua própria vida.

Uma citação de Winnicott a respeito de suas *Consultas Terapêuticas* (1970) nos parece particularmente inspiradora para o processo terapêutico que se quer potencializador da criatividade que é própria do ser humano:

> "... Neste trabalho eu normalmente não faço interpretações, mas espero até que a característica essencial da comunicação da criança tenha sido revelada. Então, converso sobre a característica essencial, mas o que é importante não é minha conversa tanto quanto o é o fato de a criança ter alcançado algo".

Capítulo 3

Ética materna[1]

Tania Mara Marques Granato

Desesperada com aquela gravidez, Azaléia[2] busca socorro na psiquiatria de um grande hospital, de onde é enviada para nossos cuidados, com a recomendação de atendimento psicológico imediato. Surpreendentemente, foram necessários apenas três encontros para que Azaléia retomasse a condução da própria vida.

Foi em nosso primeiro encontro que Azaléia dispôs o que iria compor um mosaico de experiências desumanizantes, cujo efeito desalentador já se podia ver em seus olhos cansados e confusos. Numa curta viagem no tempo empreendida no espaço daquela consulta, Azaléia teceu seu relato intercalando o frio e pobre mundo de sua infância com a confusão da qual havia se tornado refém, desde que se conhecia por gente.

---

[1] Este capítulo foi originalmente publicado nos *Cadernos Ser e Fazer: Reflexões Éticas na Clínica Contemporânea*, organizados por Tânia M. J. Aiello Vaisberg e Fabiana Follador e Ambrósio, São Paulo, Instituto de Psicologia da Universidade de São Paulo, 2005, p. 128-136.

[2] Os nomes das pacientes, de seus bebês e de seus maridos foram substituídos por nomes de flores, com a finalidade de preservar suas identidades.

Havia muito que seu pai, vadio e bêbado, abandonara a família à própria sorte, deixando as duas filhas como legado à esposa que costurava e bordava para viver. Se foi por falta de tempo ou de sensibilidade que essa mãe deixou que as filhas crescessem ao léu, qual erva do mato, não sabemos. O que Azaléia se lembra bem é de um vizinho gentil que volta e meia a chamava para encontros íntimos em sua casa, aos quais ela acorria com a ingenuidade de seus nove anos. Em tom confessional ela continua: "Ele era bonito e carinhoso, eu gostava, eu ia lá porque gostava, ele nunca me obrigou, depois ele mudou, sei lá, deram um sumiço nele..." Do pai Azaléia recebeu, através de um recorte de jornal, a triste notícia de que havia sido assassinado, há dois anos, em uma cidadezinha do interior.

Azaléia tem um filho de 14 anos, bom menino, comportado e compreensivo, mas carente, qualidade sobre a qual ela assumia total responsabilidade. Ela continua sua narrativa dizendo que foi sempre uma mãe negligente, nunca teve muita paciência, nunca o maltratou! Mas não conseguia amá-lo. Separou-se de seu marido quando o menino contava um ano, mas mantém até hoje relações cordiais com o pai do menino, a quem se refere como "o melhor pai do mundo". Arrepende-se por não ter enviado o filho para junto do pai desde o início, já que sempre o julgou mais capaz de realizar a tarefa materna. Ela foi vencida pela insistência de todos que afirmavam que o menino precisava de mãe! "Qual nada! Ele precisa de amor!", concluía Azaléia.

Mais tarde Azaléia se casou com um homem, quinze anos mais velho que ela, com quem vive há dez anos. O relacionamento é morno, salpicado de algumas poucas desavenças, mais em função do caráter tranqüilo do atual marido, que parece ter toda a paciência que falta à esposa. O pobre marido apaixonado parecia agüentar firme todas as mazelas a que Azaléia o expunha. Abortara um filho seu, porque não queria nunca mais ter filhos; ele, coitado, queria tanto ter um filho..., mas ela sabia que não tinha o suficiente para dar...

Voltando à crise de angústia que a trouxera a meu encontro, Azaléia seguiu expondo seu problema. Numa das últimas brigas que tivera com seu marido, ficou com tanta raiva que o deixou gritando em casa e saiu; pensou em diluir sua vida num bar. Lá bebeu muito, encantou-se com um rapaz, acompanhou-o a algum lugar, do qual nada se lembra, e dormiu com ele. Acordou com o pensamento: "Estou grávida!"

Chegando a sua casa, num torvelinho de sentimentos, contou o acontecido ao marido, suplicando-lhe ajuda e solução para aquela desgraça. Ele então pronunciou, com ar benevolente e taciturno, sua sentença: "Você faz o que achar melhor, se você quiser abortar, aborte; se não, eu o assumo como meu filho e lhe ajudo a cuidar..., eu a apoiarei no que você decidir".

Foi com estranheza que Azaléia recebeu aquela resposta, que lhe trazia pouco ou nenhum alívio, já que o marido inquirido devolvia a ela o controle da própria vida, que há muito tempo sem controle estava.

"O que fazer? Eu nem me lembro da cara do cara com quem transei! Nem sei quem é! Só sei que era branco e meu marido é negro! E essa agora de ele querer cuidar do filho do outro? Como é que pode? Será que ele é tão bom assim?", vacilava Azaléia em meio a tantas considerações.

Em nosso segundo encontro o mosaico avançava em seu movimento de estruturação, e se poderia dizer que era assim que Azaléia construía um sentido para tudo aquilo. Seu sentido.

Escolheu falar de seus projetos profissionais, seu anseio por um trabalho e pelo ganho do próprio dinheiro, contrapondo-os sempre às dificuldades de receptividade de um mercado de trabalho saturado. Esse conflito encontrava eco nas considerações desanimadoras do marido, que insistia em prover o sustento de Azaléia, enfatizando seu jeito atrapalhado de conduzir a vida. Aliado do retraimento próprio da esposa, ele fazia tudo para conter seus avanços no sentido da independência, tida por ele como "mais uma de suas loucuras".

"Estaria ele certo?", duvidava Azaléia.

Mas foi desde o campo de suas dificuldades para conseguir um trabalho remunerado que Azaléia pôde falar-me de suas habilidades como bordadeira. Um pouco ela aprendeu com sua mãe e outro tanto através de cursos e de conversas com outras mulheres. À medida que se convencia de que meu interesse em suas habilidades manuais era genuíno, ela abria as portas daquele mundo de linhas, formas e cores, apresentando-o como o lugar onde poderia passar horas a fio, sem sequer notar a existência do tempo. Disse até que traria em nosso próximo encontro algumas de suas artes, embevecida que estava com a possibilidade de reconhecimento.

Religiosas, sua mãe e sua irmã se indignaram ante a possibilidade de que Azaléia se decidisse pelo aborto daquele bebê. Não havia argumento que as convencesse de que aquela poderia ser uma escolha acertada, considerando tanto a indisponibilidade de Azaléia para a maternidade, como a possibilidade de que surgissem problemas conjugais ao longo do tempo. Inflamada, Azaléia argumentava: "Ele diz que vai cuidar da criança como se fosse filho dele; aliás, ele não teve filhos com a ex-mulher, eu sei que ele deseja ter, mas pensa bem...", ela começa a levantar hipóteses bastante razoáveis para uma pessoa que se autodenominava "a confusa", e continua "... ele é negro e a criança vai ser branca, depois qualquer problema que surgir ele pode dizer que é porque não é filho dele, ou pior, pode dizer que tudo o que passamos é por causa da besteira que eu fiz ou por causa da criança".

Num telefonema a irmã de Azaléia promete cuidar de seu bebê, numa última tentativa de convencê-la a desistir da idéia do aborto. No entanto, Azaléia também desconfia das boas intenções da irmã: "Ela está dizendo isso só para eu ter o bebê, vai ajudar um pouco e depois me largar com a criança, aí vai dizer 'o filho é seu, cuida dele você!'"

Pergunto então sobre suas concepções religiosas, e juntas percebemos que elas diferem das idéias de sua irmã sobre o que seria moralmente errado, visto de uma parte de um referencial religioso, enquanto a outra começa a se movimentar no terreno da ética.

"Eu tenho pena de meu filho, a mãe que ele teve todos esses anos, ele é muito bom para mim, mas eu não quero fazer isso de novo..., por isso eu abortei o filho de meu marido. Não tem sentido eu ter esse! Meu filho tem sorte de ter o pai cuidando dele, mas como vai ser com esse que nem pai tem? Como vai ser para meu marido cuidar dessa criança, quando eu tirei um filho dele!? Não é justo!"

O ar alienado, pesado e triste de Azaléia agora dava lugar à irrupção acalorada do conflito que a consumia; pequeninas pedras se arranjavam para o encaixe e já podíamos vislumbrar o mosaico que estava prestes a se completar.

Em nosso terceiro e último encontro Azaléia, sorridente e leve, diz que está sentindo-se bem melhor, enquanto se dirige à sala de atendimento, carregando uma enorme sacola com alguns de seus trabalhos manuais. Ela se senta, começa a retirar algumas peças, colocando-as uma a uma em meu colo, numa expectativa ansiosa. Tomo-as nas mãos, e mal começava a manifestar minha surpresa diante da beleza que ali se aliava ao trabalho cuidadoso e demorado, sou interrompida pela alegria de quem conquista algo que havia sido muito custoso:

"Eu fiz! Eu tirei o bebê!"

Entre a estupefação e o encantamento diante da leveza de sua comunicação, não pude deixar de experimentar meu próprio assombro. Escolhi terminar de ver seus trabalhos em meu colo, já que ela os havia colocado como introdução daquele encontro e, certamente, para que eu tivesse algum tempo para digerir meu espanto, não tanto pelo fato comunicado, mas pela maneira inadvertida com que Azaléia o fizera. Jovial e aliviada, era assim que ela agora se mostrava, enquanto eu me recuperava.

Guardados os bordados, contrariamente ao que parecia insinuar-se como um ato de irresponsabilidade ou ainda como tentativa de afastar o sofrimento implícito, Azaléia passou a relatar seu percurso e a decisão que dele brotou desde nossa última conversa. Depois de haver solicitado ao marido que comprasse o medicamento abortivo na farmácia, deixou-o sobre o criado-mudo. Pediu que o marido saísse de casa. Acendeu uma vela. Deitou-se e esperou, caso Deus quisesse enviar-lhe um sinal. Como nada aconteceu, tomou o remédio e orou. Sofreu as dores todas até que o último jorro de sangue expulsou o que ainda havia restado. Passou uma noite de cão. Comunicou ao marido o acontecido apenas para dar-lhe ciência, não precisava mais de sua opinião. Depois da exaustão experimentou o alívio e a certeza de que fizera o melhor, não importava o que sua mãe ou sua irmã diriam, nem se estava certa ou errada, aquilo foi o melhor que podia fazer por aquele bebê, poupá-lo da mãe que teria.

Ao final da sessão Azaléia pega sua sacola de bordados, agradece minha ajuda e sai pisando firme, para nunca mais voltar...

Deixando a porta aberta ao leitor para que apenas inicie aqui a discussão desse caso, apropriando-se dele para revesti-lo de um sentido que lhe seja pessoal, e possa assim enriquecê-lo com suas próprias contribuições, antes que essa história siga seu curso (Aiello Vaisberg, Machado & Ambrosio, 2003; Benjamin, 1936), deixo aqui apenas esboçadas algumas das questões que me vieram à mente e que considero especialmente pertinentes a quem quer que se dedique a freqüentar a eterna ponte que une a pesquisa à clínica (Politzer, 1928).

Destaco o uso que Azaléia faz da relação terapêutica, tanto quanto a disponibilidade do psicoterapeuta que se oferece como objeto de uso (Winnicott, 1969[a]), encontrando-se no olhar do outro (Winnicott, 1967[a]) que devotadamente (Winnicott, 1956) acolhe suas necessidades de amor e ódio (Granato, 2004[a]; Winnicott, 1947). Convido também o leitor para uma aproximação do que aqui chamei de ética materna, não apenas em relação aos muitos sentidos atribuídos por Azaléia ao ato em si do aborto, mas também para que, seguindo o caminho apontado por Devereux (1967), possamos colher de nossos movimentos contratransferenciais elementos tão importantes quanto aqueles que, muitas vezes equivocadamente, atribuímos exclusivamente a nossos pacientes. Sendo assim, em que contexto sócio-político-cultural-religioso eu e Azaléia nos movíamos? Teria sido o mesmo? E avançando um pouco mais, precisaria ser o mesmo? Como pude aceitar a decisão de Azaléia? E indo mais além, qual minha parcela de responsabilidade nela?

Concordo com Devereux (1967) quando diz que se o que genuinamente pretendemos é o máximo de objetividade em nossas pesquisas sobre o ser humano, como poderíamos chegar a ela dispensando a subjetividade que mais do que sua mera implicação também dá cor a todas as relações que estabelecemos, sejam elas com nossos estudos, nossa pesquisa, nossa clínica, nossos pacientes, nossa cultura, nossa família e com nossa própria maneira de ser. Se a subjetividade é o que temos de mais objetivo para pesquisar, não nos esqueçamos de nossa própria sempre que estivermos diante de alguém, para que não o tornemos "sujeito" de nossa pesquisa, no sentido de sujeição a nossos desejos, a nossas crenças ou a uma ideologia da qual estejamos igualmente inconscientes.

Para finalizar proponho ao leitor, como exercício ético, se é que já não o fez no decorrer de sua leitura, que se coloque nas mais variadas posições apresentadas na história de Azaléia e olhe, a partir desses lugares, experimentando a riqueza de possibilidades com que o acontecer humano nos brinda. Assim poderemos afirmar com tranqüilidade que se tal complexidade traz complicações adicionais para a tarefa psicoterapêutica, será apenas desse modo que a tornaremos merecedora do nome que carrega.

Capítulo 4

Adolescência e gravidez: um paradoxo sustentável?[1]

Tania Mara Marques Granato
Tânia Maria José Aiello Vaisberg

Como duvidamos das teorias que se propõem explicar genérica e abstratamente o acontecer humano (AIELLO VAISBERG, MACHADO & AMBROSIO, 2003; AIELLO VAISBERG, 2004; BLEGER, 1963; POLITZER, 1928), propomos que nos aproximemos da experiência concreta da gravidez na adolescência a partir de um caso clínico que uma de nós[2] acompanhou no serviço de atendimento à gestante da *Ser e Fazer* do Instituto de Psicologia da Universidade de São Paulo, tomando-o antes como ilustração dos paradoxos que a vida nos apresenta e do sofrimento que eles desencadeiam.

Assim que a psicanalista avistou Jasmim,[3] pôde dar-se conta das incongruências que aquela menina miúda carregava na bar-

[1] Trabalho apresentado no I Simpósio Internacional do Adolescente, em 2005, na Faculdade de Educação da Universidade de São Paulo e publicado nos Anais do Congresso.

[2] O atendimento clínico foi realizado por Tania Mara Marques Granato.

[3] Os nomes das pacientes, de seus bebês e de seus maridos foram substituídos por nomes de flores, com a finalidade de preservar suas identidades.

riga. Descobrira-se grávida pouco depois do rompimento de um namoro que se afigurava mais como brincadeira adolescente, no sentido da experimentação que antecede os relacionamentos afetivos mais maduros que ainda estão por vir.

Vivendo numa espécie de limbo, a letargia dos movimentos e da fala de Jasmim denunciava uma vida suspensa no tempo. Tal qual balão de gás, flutuava entre o passado e o futuro, e se prendia ao presente por uma fina linha, deixando a seu interlocutor a opção de puxá-la. Foi preciso que a analista lutasse contra a sonolência para não deixar aquele "balão" escapar, ao mesmo tempo em que o segurava com a delicadeza que esses estados regressivos demandam.

Jasmim fora privada de seu passado, não encontrava fotografias, histórias ou lembranças. Sabia apenas que fora criada pela avó até os dez anos de idade, no interior da Bahia, quando foi trazida para o convívio com sua mãe, que morava em São Paulo, não sem antes ter vivido em algumas "casas de família". Nunca soube o que sua mãe fazia e nem por que seu pai tinha outra família. Suspeitava que sua mãe houvesse se prostituído para sobreviver na cidade grande e que por esse motivo Jasmim havia ficado aos cuidados da avó. Certa vez ficou muito doente e ninguém descobria o mal que a afligia, até que um dos médicos consultados pela avó fez seu diagnóstico, de maneira firme e inusitada: "Tragam a mãe dessa menina, senão ela não vai sarar". Dito e feito, a pequena Jasmim se curou assim que avistou a mãe. De lá para cá, a distância física deu lugar ao distanciamento afetivo, acentuando ainda mais o nevoeiro que costumava envolver a relação entre mãe e filha.

Ali, na sessão, a única coisa que lhe parecia certa é que havia decidido ter aquele bebê, "para não viver as tristezas das mães que abortam seus filhos". Comunicou-se com Lisianto, o ex-namorado que, desamparado frente à demanda que lhe estava sendo feita, pediu ajuda à própria família. Lisianto tinha mãe, pai, irmão e conforto, enquanto Jasmim tinha um pai que a socorria quando ela não conseguia pagar suas contas e que lhe havia emprestado uma *kitchenette* para morar, depois da briga que tornou a separar mãe e filha, há um ano. "Não sei por que a chamo de mãe!", gritava Jasmim, inconformada com a mãe que insistia em viver num mundo paralelo, o mundo das novelas, das atrizes e do brilho da mesa espelhada da sala, que ela não parava de polir.

Aos cinco meses de gestação, Jasmim passava a maior parte do tempo com a família de Lisianto. Acolhida como verdadeira filha, recebia cuidados dos quais nunca tinha ouvido falar. Parecia-nos que Jasmim entrava em contato com a preocupação materna (Winnicott, 1956) através de Hortênsia, a mãe de Lisianto, que se desdobrava para atender às necessidades de sua família – que agora se ampliava –, levando Jasmim ao médico, alimentando-a, protegendo a imaturidade do casal adolescente, preparando o enxoval da neta, providenciando o hospital em que Jasmim daria à luz, decorando o quarto do bebê. Adolescente e gestante, Jasmim ainda flutuava entre dois tempos – o tempo da filha e o tempo da mãe –, podia brincar de "mamãe e filhinha" com Hortênsia, preparando-se como qualquer menina para o desafio de ter um bebê real nos braços (Winnicott, 1971[a]), viver o jamais vivido antes que fosse tarde. O tempo de mãe se aproximava e, sob impacto contratransferencial, a psicanalista se perguntava se o "puxão da realidade não quebraria a linha do balão", isto é, se a maternidade precoce não ameaçaria Jasmim com uma apresentação invasiva da realidade (Winnicott, 1949[b]; 1952; 1956).

Foram muitos os conflitos e paradoxos vividos por Jasmim após o nascimento de Lis, sua filhinha, mas suas conquistas também foram consideráveis. Deixando o hospital, mãe e filha foram levadas para a casa de Lisianto, onde passaram a morar, foram recebidas com muita festa e um quarto de bebê finamente decorado, onde nada parecia faltar. Jasmim, tratada como rainha, recebia seu café na cama e a disponibilidade absoluta de Hortênsia para lavar as roupinhas da neta, trocá-la, banhá-la, segurá-la, além de promover saídas noturnas para que os adolescentes pudessem "retomar suas vidas". Da alegria de ter um lar para o sufocamento da superproteção foi um passo. À medida que crescia a admiração por Hortênsia e seu largo colo, também crescia o ódio por Lisianto. "Ele é indelicado, porco e folgado", dizia Jasmim, referindo-se à insensibilidade de Lisianto frente a suas reais necessidades, à falta de cuidado com que se dirigia ao bebê no berço, não se lavando, acordando Lis para brincar. Incomodava-a especialmente o mau uso (Winnicott, 1969[a]) que Lisianto fazia da proteção familiar que lhe era oferecida incondicionalmente, mas que parecia mantê-lo refém da dependência, jamais ascendendo ao lugar do pai.

Entre a dependência claustrofóbica e a independência alienante, Jasmim buscava uma passagem que não a roubasse de sua vida e nem privasse a filha de sua companhia – seria esse paradoxo sustentável? Winnicott (1956) nos escreve sobre o estado de retraimento emocional pelo qual a mãe saudável se prepara para acolher as necessidades básicas de seu bebê, usando para tal tarefa a própria sensibilidade e sua possibilidade pessoal de identificar-se com o bebê. A conseqüência desse estado é que a mãe naturalmente se afasta das atividades e dos relacionamentos que costumavam ocupá-la, passando a preocupar-se quase exclusivamente com seu bebê, o que vem a garantir que a criança não sofra interrupções em sua continuidade de ser, para além do que ela própria pode tolerar (Winnicott, 1945[a]; 1949[b]). À medida que o bebê cresce, a mãe deixa o estado retraído, retomando gradualmente aqueles interesses que foram temporariamente colocados à disposição do bebê. Daqui se depreende que a saúde mental materna se define pela dose de preocupação ou dedicação (Winnicott, 1949[a]; 1949[c]; 1956) de uma mãe em relação ao momento maturacional de seu filho, ou seja, nem de mais e nem de menos, assim é a mãe suficientemente boa.

Assim como a mãe winnicottiana se retrai para cuidar de seu bebê, sem com isso regredir (Winnicott, 1954[d]; 1954-1955; 1965), Jasmim também procurava a solução para as experiências contrastantes que vivia. De um lado a confortável vida familiar com que Hortênsia lhe acenava e de outro a perda da liberdade para crescer e ganhar o mundo com suas conquistas adolescentes. Como mãe ela intuía que a filha lhe pedia aconchego, rotina, sustentação (*holding*), mas seu coração adolescente lhe dizia que se ali parasse nunca mais sairia. Uma coisa é o isolamento, que é preparo do ambiente acolhedor para um bebê, outra coisa é o retraimento, que é mobilização de recursos para se lançar à vida sem amarras, que é ousadia de ser. Parecia que a adolescência de Jasmim caminhava na contramão da maternidade, apesar de temer o deserto afetivo em que ela e sua mãe sempre viveram. Ela não queria o mesmo para Lis! Como conjugar a dependência do bebê com os anseios do adulto pela própria independência? Como cuidar sem ser aprisionada pelo desejo de ser cuidada?

A solução que Jasmim encontrou para o paradoxo que a confrontava se deu em três tempos: numa tentativa desesperada de se libertar do colo sedutor de Hortênsia, saiu de casa com a filha nos braços levando apenas a roupa do corpo e contando com a ajuda prometida por sua mãe, mas nunca cumprida; pouco tempo depois, já consciente de que não poderia arcar sozinha com a responsabilidade de um bebê, entregou sua filha aos cuidados de Hortênsia, passando a cuidar da própria vida em seu pequeno apartamento. Terceiro tempo, percebendo que havia se tornado uma "visita" para a própria filha e ameaçada de perder a intimidade com Lis, assim como a confiança da família de Lisianto, Jasmim encontrou uma solução intermediária: seguiria vivendo em sua própria casa, Lis continuaria sob os cuidados carinhosos de sua avó Hortênsia, mas passaria os finais de semana na casa de Jasmim.

Assim, discriminações importantes foram sendo feitas, o amor de Jasmim por sua filha e por Hortênsia pôde ser descolado do que sentia por Lisianto e por sua mãe, e por isso mesmo preservado, uma vez que Jasmim se deu o direito de amar a filha e a sogra sem que o amor por Lisianto ou pela própria mãe se tornasse uma obrigação. A vida infantil de Jasmim foi resgatada pela maternidade compartilhada e, dessa forma, reintegrada ao presente, tornando-se história e vinculando-se ao porvir, sem com isso exigir a renúncia do movimento adolescente de Jasmim. Ser criança e ser adulta ao mesmo tempo, retrair-se para a maternidade sem regredir à dependência, cuidar sem abrir mão dos próprios cuidados, resgatar a própria infância sem se perder nela, dirigir-se para o futuro agora de posse de um passado, foram grandes os desafios de Jasmim.

A adolescência, tanto quanto a maternidade, e sua intensa demanda de reconhecimento do ser e de realizações no mundo – elementos femininos e masculinos do *self* (Winnicott, 1966) – parecem ter confluído para a vida de Jasmim, desembocando num encontro estrepitoso. Enquanto a adolescente parte em busca de reconhecimento pelo mundo, a mãe se recolhe, fazendo-se veículo para a configuração de *self* do bebê; se na adolescência nossas ações nos lançam para o espaço amplo do mundo compartilhado, a maternidade recria um mundo menor, protegido, a partir do qual o bebê pode começar a ser alguém. A simultaneidade entre a adolescência e a maternidade, processos opostos e igualmente "egoístas", parece ter trazido para Jasmim tanto o impasse existencial como a oportunidade de resolvê-lo, já que estava amparada por um ambiente familiar e terapêutico adequado.

Não foi apenas em relação à maternidade que Jasmim encontrou o equilíbrio possível. Redirecionando sua escolha profissional para o teatro, viveu outras tantas experiências no âmbito do *Ser* e *Fazer* (Winnicott, 1966). Oprimida pela vida, Jasmim encantou-se com a possibilidade de expressar-se, com a aceitação de seus pares e o reconhecimento que lhe foi concedido pela companhia teatral. Tentada pela fantasia de união homossexual, usualmente bem aceita no meio artístico, Jasmim foi capaz de resistir às investidas sensuais de sua diretora, temendo que essa atitude a afastasse de Lis e de sua "família adotiva", caminhando também pelo conflito edípico: "Achei melhor deixar essa loucura para lá, isso ia atrapalhar minha relação com a Lis; além do que ela já tem uma companheira e eu atrapalharia essa relação".

Pudemos comprovar a maneira apaixonada com que Jasmim se dedicava a seus personagens quando, a convite dela, a psicanalista assistiu a sua estréia numa das apresentações de teatro alternativo da cidade. Imersa que estava em seu papel, deixou de notar essa presença na primeira fila, retornando a si quando já se abraçavam nos bastidores, logo após o espetáculo. Jasmim não gostava de se olhar no espelho, dizia que não gostava do que via, mas encontrou no olhar do outro o que tanto procurava – o reconhecimento de sua existência. Jasmim pôde mirar-se no olhar da platéia, no olhar de Hortênsia, nos olhos de sua filha e de sua psicanalista, que lhe devolviam quem ela era ou quem ela estava sendo, construindo uma história e inaugurando memórias, dando-lhe um nome e um lugar.

Não podemos deixar de comunicar as peculiaridades deste atendimento no que concerne às experiências do terapeuta, no sentido do aprimoramento da capacidade de oferecer ao paciente o que ele precisa, e não o contrário. Cedo percebeu a analista que Jasmim precisava de espaço e contenção. Essa necessidade que, à primeira vista, parecia acrescentar outro paradoxo a nossa já extensa lista apenas lançava os elementos constituintes do ambiente terapêutico com que temos trabalhado ultimamente. Mais sustentação que explicação é o que diferencia a clínica winnicottiana da maternidade (GRANATO, 2004[a]), em que mulheres têm buscado um lugar para repousar de suas aflições, um momento para refletir sobre o que vivenciam, alguém que respeite seu sofrimento e um encontro que seja mutativo.

A confiança estabelecida entre paciente e terapeuta surge como um precipitado natural do *holding* terapêutico. Jasmim parecia contar com a presença incondicional de sua psicanalista, já que não se preocupava em avisar de suas faltas e tampouco de seus retornos. Tomou a disponibilidade em acompanhá-la pela gestação e pelo pós-parto como a promessa de que sua analista a esperaria todas as semanas naquele mesmo dia e horário, quer viesse ou não. Sem jamais ter experimentado qualquer outro processo psicoterapêutico que porventura lhe tivesse indicado este caminho, Jasmim parecia simplesmente seguir seu próprio ritmo (SAFRA, 1999), esperando que a analista a acompanhasse. Em contrapartida esta teve de se haver com seu próprio sofrimento diante das reviravoltas da vida de Jasmim, de suas fantasias e de seu ímpeto adolescente, mas encontrou alento confiando em seu processo de desenvolvimento emocional, assim como na disponibilidade incondicional de Hortênsia em acolher definitivamente sua neta, caso Jasmim se perdesse de si.

A espera terapêutica, que aguarda o crescimento do paciente, não nos parece herdeira da arcaica neutralidade terapêutica. Tampouco se aproxima do aconselhamento e seu caráter pedagógico ou das interpretações subjugadoras. À meia distância, porém totalmente envolvido – outro paradoxo –, parece-nos estar o terapeuta winnicottiano fazendo concessões que não o aviltem, promovendo esclarecimentos quando solicitado, ciente de que é a si que oferece ao paciente, que conta com a autenticidade do terapeuta para acolhê-lo. O terapeuta winnicottiano não se esconde de seu paciente, mas cuida em mantê-lo como protagonista da própria vida e parceiro no processo psicoterapêutico. Ali está para promover o alívio do sofrimento tanto quanto o crescimento emocional de seu paciente, ainda que este venha a contradizer todas as suas teorias. O encontro terapêutico torna-se, a nosso ver, o lugar privilegiado da recriação das teorias psicológicas, que dele deveriam nascer e a ele retornar sempre que se pressinta que nossas abstrações estejam tomando o lugar do viver.

Capítulo 5

O uso da boneca-flor na clínica winnicottiana da maternidade[1]

Tania Mara Marques Granato
Tânia Maria José Aiello Vaisberg

Quando uma de nós se reuniu com psicólogas clínicas que pretendiam elaborar projetos de atendimento psicológico a gestantes participantes do Programa de Pré-natal de Centros de Saúde, coordenados pela Prefeitura de nossa cidade, a partir de uma abordagem winnicottiana (Granato, 2002), não imaginávamos o alcance que essa empresa teria.

Como nada fora planejado de antemão, estávamos abertas o suficiente para que o novo surgisse. Inicialmente tímidas, começamos a nos conhecer quanto a nossas possibilidades e a nosso trabalho e interesse mútuo pela clínica da maternidade. Já nesses momentos iniciais se faziam sentir conflitos na articulação entre *ser* e *fazer* do psicólogo em seu diálogo com a gestante e a

[1] Este capítulo foi originalmente publicado nos *Cadernos Ser e Fazer: Trajetos do Sofrimento – Desenraizamento e Exclusão*, organizados por Tânia M. J. Aiello Vaisberg e Fabiana Follador e Ambrósio, São Paulo, Instituto de Psicologia da Universidade de São Paulo, 2002, p. 87-91.

mãe tanto quanto em relação à instituição que os intermediava. As queixas e a paralisia no trabalho se misturavam ao interesse pessoal e à necessidade de aproximação das experiências vividas pelas mulheres no campo da maternidade.

Na abordagem winnicottiana (Winnicott, 1966) as experiências iniciais do bebê, vividas dentro da área do cuidado materno, que é oferecido pelo pai e pela mãe, através dos elementos femininos do *self*, garantem as fundações sobre as quais repousa a possibilidade de *ser*. Os elementos femininos são mais perceptíveis quando lançamos nosso olhar sobre a sintonia, conseguida a partir do estado de preocupação materna primária, entre o mundo de vivências que a mãe fornece e o mundo de sensações que seu bebê experimenta. A relação com os objetos subjetivos, prenhes de elementos femininos, no caso da adaptação suficientemente boa do ambiente, caracteriza os estágios mais iniciais de nosso desenvolvimento emocional.

Por outro lado, os elementos masculinos pertencem aos domínios do *fazer*, que implica já numa separação, ainda que rudimentar, entre o eu e o mundo objetivamente compartilhado, assim como alberga as experiências de satisfação e frustração, tornadas possíveis por essa separação e pelo envolvimento instintual que a acompanha. Aqui, a afinidade identitária se expressa na base de um "querer fazer como", diferentemente da identificação primária, que tem mais a ver com um "querer ser como". Segundo Winnicott, é preciso haver um *ser* para que haja um *fazer* autêntico e espontâneo a ponto de nos sentirmos *fazendo* o que *somos*.

Voltando a nossas psicólogas, um ruído de fundo se produzia e certo constrangimento caracterizava o clima inicial, pontuado ora pela teoria psicanalítica, ora por trechos de atendimentos relatados, ou ainda por experiências pessoais. A situação parecia estar configurando-se a partir de certa amorfia (Winnicott, 1971[b]; 1971[c]) que inquietava a psicanalista, já que não dispúnhamos de parâmetros predefinidos para a coordenação daquele grupo. Eles seriam forjados no interior do próprio grupo.

Enquanto debatíamos sobre os anseios pessoais de cada uma naquele trabalho, sobre os formatos conhecidos e desconhecidos de projetos de atendimento a gestantes, seus pressupostos teóricos, assim como as possibilidades de realização nas instituições pretendidas, surge a proposta de vivenciarmos nossos encontros com o uso da boneca-flor. Foi com espanto que a psicanalista coordenadora acolheu esse pedido, pois enquanto rastreava os interesses pessoais do grupo, cuidando para não impor sua própria maneira de trabalhar, observa a espontaneidade da escolha por um dos materiais mediadores apresentados. Isto nos pareceu inédito não pelo uso da boneca-flor, objeto transicional (Winnicott, 1969[c]) criado e utilizado por Françoise Dolto (1949) com alguns de seus pacientes, mas pelo uso (Winnicott, 1969[a]) que fizeram da oferta que lhes foi apresentada. Parece que estamos novamente com Winnicott (1945[a]), quando nos fala sobre a sobreposição feliz que ocorre, na saúde, entre a apresentação do objeto pela mãe ao bebê e o momento em que este está pronto para criá-lo, instaurando-se a situação de ilusão, base para o estabelecimento da condição inicial de criação, de onde colhemos os suprimentos para a descoberta de um mundo que já estava lá, antes mesmo de nosso nascimento.

Nosso trabalho começa a tomar forma com a costura da boneca-flor como intermediação, como elo de contato entre o eu de cada uma e o ambiente interpessoal, profissional, institucional e social que se nos acerca. Para que pudéssemos realizar algo nesse mundo que fosse digno de nosso próprio investimento e da busca daquele que vem a nosso encontro, precisaríamos da afinação entre nosso *ser* e nosso *fazer*, ainda não atingida naqueles primeiros momentos. A saída se deu pelo *fazer*, dispusemo-nos a vivenciar a Oficina da Boneca-flor, sem imaginar o que ela nos traria em termos do *ser*.

A psicanalista encarregou-se de levar o material necessário para a confecção da boneca: tecidos, linhas e giz multicoloridos, agulhas, alfinetes e tesouras, moldes para o corpo, a corola e as pétalas, e também algodão. Da escolha dos tecidos à costura, a singularidade de cada uma encontrava expressão naquele *fazer*, tido para algumas como lugar de saque, de onde retirariam a técnica imaginada como algo descolado do *ser* e dotada de uma magia própria. Para outras, abria possibilidades futuras, que eram impossíveis naquele momento em que seu envolvimento profissional com outras propostas já se encontrava tão sobrecarregado. E para outras, ainda, o mergulho no *self* foi vertiginoso.

O clima do encontro se transformou radicalmente desde o primeiro contato com o material mediador, da formalidade constrangedora, porque teórica e desvinculada da vida, passamos à leveza da brincadeira, que nos fez chegar a momentos plenos de verdade pessoal. Tudo ficou mais leve e mais profundo, apesar do paradoxo que parecia se insinuar, pois do "trabalho pesado" não chegamos às profundezas do ser.

O território do ser demandava delicadeza no fazer, a costura, escolhida como caminho inédito em suas vidas, colocava-as numa situação de fragilidade e dependência das orientações da psicanalista quase que absoluta. A dedicação, o respeito e o silêncio marcavam profundamente nossos primeiros passos. Pouco a pouco os movimentos se tornavam mais harmônicos, autônomos e a livre expressão tomava lugar, pelas mãos, pelos olhos e pela boca, apresentando o ritmo e o estilo de cada uma delas. Momentos repletos de histórias se alternavam com o silêncio absoluto, como parceiros numa dança, em que o passo de um abre espaço para o passo do outro, isto no caso de estarem, os dançarinos, intensamente envolvidos naquela atividade.

Costurávamos e conversávamos. A certa altura, uma das participantes interrompe sua costura, colocando-a sobre o colo, e comunica, num tom aflito e queixoso: "Ai, Tania, essa boneca está mexendo comigo!"

Ela passa a falar do conflito, presentificado em seu encontro com a boneca que lhe havia sido oferecida e que associava a um projeto de viagem que faria com seu marido durante o próximo fim de semana. Ela continua: "Eu não sei o que está acontecendo comigo, já estava tudo combinado. O João ia ficar com minha mãe e nós íamos ficar sozinhos depois de muito tempo. Quando o Ricardo começou a planejar a viagem, todo empolgado, eu falei: 'Ai, eu não sei mais nada! Eu não posso viajar! Eu não posso ficar sem meu filho!'"

Muito se conversou naquele dia sobre *ser* e *fazer* das mães, e quando tudo parecia mais calmo, outra participante, calada em seu costurar até aquele momento, ousa romper seu silêncio e nos diz: "Eu também tenho uma coisa pra contar..."

Os olhares se voltam para ela e assim prossegue: "Essa noite tive um sonho. Foi com minha analista. Ela estava sentada no divã com uma menina e eu estava olhando. Não era a filha dela. Ela estava ensinando a menina a fazer a boneca-flor".

A partir do sonho, ela compartilha conosco um "vazio de costura" que a separava de sua avó materna, exímia costureira e bordadeira. Sua mãe "não sabe fazer nada, nem pregar um botão!". Conseqüentemente, ela também não, não tinha como "aprender". Revela-nos, "por exemplo, esta calça estava aqui descosturada fazia um tempão, e essa noite eu consegui costurar, e hoje eu vim com ela!". E continua a trazer suas conquistas, encantada com suas novas possibilidades. Começou sua quarta boneca em nossos encontros, descobriu um material para estampar suas próprias roupas que expõe a sua mãe, tida por ela como esteta aguçada, que avalia sem saber que é obra da filha. Descobre-se "reformando" seus móveis com lixas, tintas e pincéis, observada apenas pelo olhar atento e curioso de seus gatos. Seu entusiasmo se liga mais à infinidade de caminhos que se lhe abrem do que aos objetos produzidos, pois o fluxo interrompido foi restabelecido e o *ser* encontra, enfim, vazão no *fazer*. Claro que ela está iniciando seu trabalho com as gestantes com a boneca-flor, mas nada se equipara ao gosto da própria descoberta, já dizia Winnicott (1970), em suas *Consultas Terapêuticas*.

Nosso contrato está terminando e, diante dessa constatação, elas tratam de fazer novos tratos para que continuemos juntas no ano que vem. Penso que o valor terapêutico desse tipo de enquadre se situa para além do que inicialmente se propunha, deixando de ser apenas uma assessoria na elaboração de projetos de atendimento psicológico à população de mulheres carentes, quando se viam grávidas e mães. Era isso e mais um pouco.

Capítulo 6

Consultorias terapêuticas: cuidando do profissional[1]

Tania Mara Marques Granato
Tânia Maria José Aiello Vaisberg

Tendo sido procuradas por um grupo de psicólogas que trabalhavam no serviço público de saúde mental de nossa cidade e que estavam em busca de assessoria tanto para os problemas que enfrentavam em seu dia-a-dia, quanto para a elaboração de novos projetos de trabalho, inauguramos um novo método de trabalho na área da consultoria profissional. Aquele primeiro grupo que se iniciava já apontava para uma nova necessidade, a de um espaço diferenciado de uma supervisão clínica, ou mesmo de um grupo de estudos, formatos mais usuais do atendimento ao psicólogo, e que também não se poderia confundir com uma psicoterapia em grupo. Confessamos que a situação da psicanalista coordenadora não era, de início, vivida como confortável, na medida

[1] Este capítulo foi originalmente publicado nos *Cadernos Ser e Fazer: O Brincar*, organizados por Tânia M. J. Aiello Vaisberg e Fabiana Follador e Ambrósio, São Paulo, Instituto de Psicologia da Universidade de São Paulo, 2004, p. 75-80.

em que as participantes não traziam casos clínicos específicos. Parecia também não caber a discussão de um capítulo de livro ou artigo científico, não havia um tema para apoiar nosso caminhar, já que as dificuldades trazidas pelo grupo apenas começavam a se delinear em uma demanda específica. A cada encontro um novo campo se abria, carregado de possibilidades e ansiedades, exigindo a sustentação (Winnicott, 1963) daquilo que ainda estava por vir e, como ainda não sabíamos de que se tratava, voltamos nossa dedicação à tentativa de permitir que o novo surgisse a partir do estado de não-integração (Winnicott, 1971[b]) em que o grupo parecia se movimentar.

Compartilhando os trabalhos que desenvolvíamos em nossa profissão, algo mais era comunicado: os pressupostos teóricos, os recortes metodológicos e as técnicas que modulavam nosso fazer clínico, expressão máxima de uma ética que perpassava cada uma de nós nas aproximações que fazíamos do sofrimento humano – o nosso e o de nossos pacientes. Do acolhimento ao sofrimento daquelas psicólogas que, chamadas a atender necessidades para as quais nossas instituições político-sociais se cegam, trabalhavam em meio às agonias em que a população carente é freqüentemente lançada, privadas de um suporte mínimo em termos de contenção institucional (por exemplo, através de supervisões clínicas), chegamos juntas a uma proposta inovadora pela voz de uma das participantes do grupo. Interessada em oferecer a *Oficina da Boneca-flor*[2] a gestantes adolescentes que estavam sendo acompa-

---

[2] A Oficina da Boneca-flor foi inicialmente formulada para o atendimento psicológico a adolescentes grávidas, a partir de uma leitura pessoal que temos feito da obra winnicottiana, na *Ser e Fazer: Oficinas Psicoterapêuticas de Criação*, o que nos levou ao uso de materialidades mediadoras como facilitadoras da instauração de um campo transicional de trabalho, onde o brincar é tomado como paradigma de uma clínica que busca trabalhar o profundo em campo relaxado ou não-integrado, como é o brincar infantil (Winnicott, 1971[b]). Remetemos o leitor interessado ao texto de Françoise Dolto (1949) que idealizou a Boneca-flor para uso com pacientes, crianças ou adultos, que resistiam à técnica psicanalítica clássica, descobrindo ser esse um meio apropriado para o trabalho com conflitos primitivos que urgiam elaboração.

nhadas em uma das unidades básicas de saúde na periferia de São Paulo, uma das psicólogas manifestou o desejo de aprender a confeccionar a boneca-flor no próprio espaço da Consultoria. Sua necessidade foi acolhida com tranqüilidade pelo grupo, dando origem ao que passamos a chamar Consultorias Terapêuticas, enquadre em que espontaneamente se entrelaçavam as reflexões teóricas, a clínica, a consideração dos limites impostos por toda instituição, o direcionamento ético de nossas intervenções e, para surpresa de todas, a terapêutica pessoal que se insinuava em cada uma das participantes daquele grupo.

Quando o manejo de tecidos, tesouras, agulhas, linhas e algodão foi incluído em nosso trabalho, pudemos perceber que certo clima de formalismo e hesitação que caracterizava aqueles primeiros encontros foi prontamente rompido, dando lugar à relação espontânea que se estabelecia com a costura da boneca e com a coordenadora do grupo, favorecendo uma interlocução mais fluida entre os membros do grupo. Cumpre aqui ressaltar que a boneca-flor jamais foi tomada como talismã ou como qualquer outro objeto mágico desde sua introdução. A "magia", que se fazia sentir durante nossos primeiros contatos com aquela atividade, parecia ligar-se mais ao uso que dela fazíamos e ao cuidado com que eram acolhidos os diferentes estilos de ser e de costurar, constituindo-se ali um ambiente de *holding* ao profissional, o ingrediente básico daqueles encontros (Winnicott, 1945[a]; 1967[a]).

As Consultorias adquiriam então as "cores" de suas participantes, que se expressavam nos trabalhos que desenvolviam em outros contextos, reformulados ou enriquecidos pelas experiências naquele grupo; na maneira pessoal com que cada uma se lançava à costura da boneca, à escolha de cores, estampas e pétalas, como também do ritmo que marcava cada trabalho, ora freneticamente apaixonado, ora preguiçosamente realizado; no diálogo aberto que gradualmente se estabelecia entre os membros do grupo, ainda que isto significasse ficar em silêncio costurando, enquanto as outras conversavam, ou mesmo falar o tempo todo enquanto a própria boneca descansava na sacola. A boneca-flor também ganhava espaços extramuros, construindo um sonho à noite, dividindo um travesseiro, estimulando reflexões sobre a maternidade compartilhadas com o parceiro conjugal, tornando-se presente para bebês que estavam para chegar, fazendo-se encomenda da filha que em casa estava, tornando-se resgate do fazer manual que é expressão do *self*, ou ainda tecendo um fim para o *fazer* compulsivo, que é vazio de *ser*.

Não havia por que estranhar que surgissem sonhos com a boneca que, como objeto de *self* (Safra, 1999), apresentava um aspecto de si a ser cuidado ou quem sabe uma experiência a ser vivida. Outras sonhavam com o costurar que espelhava um novo fazer terapêutico, uma outra forma de tecer o encontro terapêutico, alternativo às intervenções pedagógicas ou explicativas (Aiello Vaisberg, 2003[b]), envolvendo a reapropriação do ser a partir de um fazer mais autêntico. Havia ainda as que sonhavam com os tecidos, que apontavam para o início amorfo[3] que pode caracterizar um novo encontro, quando a espontaneidade é permitida e a criação pessoal é aguardada. Afastando o fantasma da doutrinação, as Consultorias se mostraram facilitadoras da experiência de uso (Winnicott, 1969[a]) do que estava sendo oferecido em termos de *holding*, *manejo* e *apresentação de objeto* (Winnicott, 1962[a]), vivendo-se o *continuum* não-integração – integração ao sabor das necessidades de cada um dos participantes.

---

[3] Área da amorfia ou *formlessness* (Winnicott, 1971[a]; 1971[c]): estado de não-integração que precede as primeiras integrações do indivíduo e volta a estar presente no brincar, nos momentos de relaxamento do adulto e nas demandas de pacientes para que essa experiência seja vivida no processo de análise. Para que o self possa constituir-se a partir da não-integração, é preciso que o ambiente sustente esse estado no tempo, o que é garantido pela não-imposição de uma ordem ou modelo que visa mais aplacar a angústia, seja ela da mãe, do psicanalista ou do ambiente social. Se ao bebê, à criança ou ao paciente é permitida a experimentação de mundos sem sentido, não organizados, por um ambiente que dessa forma se torna confiável, poderemos testemunhar o nascimento de uma organização que é eminentemente pessoal e singular, que é fruto da criatividade e não de submissão.

O *holding* explicitado na sustentação daquela experiência vivida em grupo era garantido pela presença da psicanalista em termos de sua humanidade, em sua recusa a assumir a posição de *expert* nos assuntos tratados, o que a teria tornado presa fácil da intelectualização estéril, comprometendo a viva participação daquelas psicólogas. Assim a Consultoria oferecia uma experiência a ser vivida e não algo a ser apreendido formalmente. O manejo, que aqui se confundia com o *holding* na medida em que estivera sempre a seu serviço, tornava-se diferenciado[4] pela acolhida que dava às diferentes maneiras de costurar a boneca, aos sentimentos, às reflexões e às apresentações de alteridade, permitindo que o produto final se construísse de maneira absolutamente singular. Não podemos esquecer-nos de que o manejo pessoal da psicanalista, em sua ligação especial com a costura, estava também sendo oferecido ao grupo, mais como possibilidade do que imposição de um modelo. O enquadre das *Consultorias Terapêuticas* parecia agregar um valor psicoterapêutico na medida em que assentava suas bases no pressuposto fundamental da Psicanálise de que todo ato humano guarda um sentido (Bleger, 1963; Politzer, 1928), indo ao encontro do que parecia ser a demanda básica daquele grupo. A *apresentação* dos materiais, feita de maneira livre e desinteressada, propiciava a apropriação daqueles objetos num tempo e num espaço marcados pelo ritmo pessoal de cada participante. Importante é lembrar que, permeando a oferta dos materiais, estará sempre a presença do psicanalista, que apresenta também a si mesmo àquele que está prestes a criar o que necessita (Winnicott, 1960ª).

Os objetos que eram apresentados no grupo – os sonhos, os tecidos, as preocupações, o costurar, os projetos, as bonecas, um conto, uma reportagem, uma colcha, uma almofada, o relato de

[4] Queremos dizer que esse trabalho tornava-se *diferenciado* de outras práticas, como a terapia ocupacional, ou ainda das abordagens pedagógicas, como os cursos e oficinas de artesanato.

um pedaço de sessão, uma história da própria vida, um objeto trazido de casa, uma palavra oferecida à colega – rapidamente deixaram de ser privilégio da psicanalista coordenadora, reivindicando sua autoria de quaisquer das participantes do grupo. Não quero dizer com isso que o grupo tenha se tornado promíscuo ou invasivo, à semelhança dos grupos catárticos, mas que a independência já acenava com a possibilidade de que cada uma trouxesse suas próprias contribuições, rumando pouco a pouco para a finalização daquele processo que curiosamente terminava com uma questão acerca da prática do psicólogo: "É possível a conciliação, em meu fazer clínico, entre aquilo que emana de mim e as limitações que encontro no mundo?" Questionamento que nos leva ao encontro da proposição winnicottiana acerca da postura psicanalítica que, mais do que um *setting* de trabalho, organiza sua própria concepção de saúde mental: "Objetivo ser eu mesmo e me portar bem" (Winnicott, 1962[b], p. 152).

Outros grupos se sucederam, imprimindo às Consultorias a marca de sua pessoalidade que configurava ora um clima intimista, em que segredos eram revelados ou bem guardados em um ambiente de confiabilidade, ora um espaço lúdico, quando realmente nos divertíamos, mas também havia momentos em que o trágico se interpunha solicitando nossa contenção, ou ainda o absurdo que pedia sentido. De estados mais tranqüilos a outros mais agitados seguíamos o ritmo das participantes, porém sem perder o tom que acabava sendo dado pela presença da psicanalista, presença marcada por suas crenças, por sua história, por seus relacionamentos com o mundo, por sua preocupação ética, por seu cuidar e pelo impulso criativo que busca encontrar um lugar para ser.

Ficamos intrigadas ao notar que assim que terminávamos o trabalho manual que dava sustentação (*holding*) a nossas conversas nas Consultorias, surgia uma nova proposta, na verdade um novo objeto, ao passo que o trabalhar com tecidos, lãs, linhas e agulhas se mantinha. Continuávamos a nos movimentar nos mundos que o costurar nos abria em suas possibilidades quase infinitas, na exata medida do impulso criativo que compartilhávamos, umas mais, outras menos, mas a todas contagiando. Surpreendemo-nos com tanta disposição que fazia contraste com o temor da coordenadora de que estivéssemos a cansá-las com a repetição da mesma atividade. Mais que uma atividade ou uma brincadeira, o que ali parecia ter lugar era o da ordem do brincar winnicottiano (Winnicott, 1971[a], 1971[b]), do diálogo que se estabelece entre o eu e o outro sobre uma base de segurança, de um "fazer-de-conta" que trata de uma coisa muito séria, do ambiente relaxado que permite o experimentar-se, promovendo integrações.

Walter Benjamin (1928), tecendo suas idéias sobre o brinquedo, fez referência à apropriação pessoal que a criança faz do mundo adulto, aceitando-o ou rejeitando-o, porém sendo sempre confrontada pela apresentação que o adulto faz de seu próprio mundo. Ele também nos disse que no jogo, que se repete centenas de vezes, encontraríamos as raízes de nossos hábitos, calcados não num "fazer-de-conta-que, mas um fazer-sempre-de-novo a transformação da experiência comovente em hábito, esta é a essência do jogo" (Benjamin, 1928, p. 176).

Se para Benjamin a apresentação que o adulto faz de seu mundo à criança é, de certa forma, sempre intrusiva, pois que enseja uma reação infantil, seja ela submissa ou rebelde; para Winnicott a apresentação de objeto feita pelo adulto guarda a possibilidade de ir ao encontro de uma necessidade da criança, situação que favoreceria a apropriação, no lugar da reação à invasão. E se, segundo Benjamin, o jogo busca perpetuar as experiências emocionais que nos marcaram, numa concepção aproximada do conceito freudiano de "compulsão à repetição"; em Winnicott teríamos ainda a possibilidade de repetição daquilo que nunca se deu, ou seja, a oportunidade de que algo seja vivido pela primeira vez, alçando-nos para além da mera repetição. Sabemos que à primeira vista não parece possível nem conveniente uma aproximação entre Benjamin e Winnicott, mas se tomarmos algumas de suas diferenças como apenas uma questão de estilo, sendo este último mais acolhedor, enquanto aquele seria mais contestador, ambos nos parecem denunciar a delicadeza do processo criativo e a indissociação básica que existe entre aquele que cria e o ambiente que se oferece para sua criação, advertindo nosso olhar para o mundo que sustenta o indivíduo. Reação ou apropriação, repetição ou inauguração, Benjamin e Winnicott nos levam a experiências diferentes dentro de um mesmo continuum – aquele que se dá no campo da inter-humanidade, na comunicação do que é humano, na presença ou ausência da ética que garante a continuidade do ser, o surgimento da alteridade e as expressões de autenticidade.

Mais para frente Benjamin (1936) nos brindaria com "O Narrador", reinserindo-nos no espaço e tempo humanos através das mãos do artesão e da voz do narrador. Já para Winnicott, iniciaríamos nossa humanidade pelos cuidados da mãe que se dedica (Winnicott, 1956) a seu bebê. Estariam nossas psicólogas em busca de algo que se perdeu durante o exercício profissional? Ou pretendiam elas se reinventar como profissionais?

Não sabemos se temos aqui uma resposta, mas constatamos que, pelo tempo que as Consultorias prosseguissem, aquela espécie de brincar precisaria nos acompanhar e que interromper esse processo seria como roubar do grupo seu potencial criativo. Façamo-nos ainda uma última pergunta: Para que estaria lá o psicanalista? Para também brincar ou para cuidar do grupo? Talvez ele lá estivesse para cuidar e brincar ou, mais rigorosamente falando, cuidando para que o outro possa brincar.

Capítulo 7

O nome da filha[1]

Tania Mara Marques Granato
Tânia Maria José Aiello Vaisberg

São Paulo, 15 de março de 1999.

Dra. Tania,

Oi Tania, agradeço a carta e garanto que também sinto falta de nossos encontros de segundas-feiras.

Tania, preciso muito me desabafar. Apesar de ter mãe, não quero falar de minha vida com ela. Eu andei passando por momentos difíceis em meu relacionamento com Cravo.[2]

No começo do ano ele chegou perto de mim e pediu um tempo em nosso relacionamento. Não consegui entender o porquê desse tempo.

---

[1] O presente trabalho foi originalmente publicado na *Revista Mudanças – Psicologia da Saúde*, UMESP, São Paulo, sob o título "O nome próprio da filha", v. 10, n. 17, 2002, p. 107-118.

[2] Os nomes das pacientes, de seus bebês e de seus maridos foram substituídos por nomes de flores, com a finalidade de preservar suas identidades.

Passaram alguns dias, ele conversou com minha mãe e falou para ela que eu andava muito chata, pegando no pé dele e que ele nasceu para ser livre. Isso tudo aconteceu porque ele andou chegando tarde em casa, bêbado e falando palavrões.

Isso tudo me deixou em pânico, pois não imaginava que um dia passaria por isso. O pior ainda estava por vir.

Achei melhor sair de nossa casa, agora estou morando com minha mãe, na esperança de ter mais sossego. Ele me visita lá, mas os problemas não se resolveram, ele está muito estranho. Não sei se vou para a casa de minha avó...

Um dia ele chegou perto de mim e falou que só iria se preocupar com a filha dele e eu que me virasse, que não contasse com ele. Que falta de consideração, no ano passado ele esteve muito doente e quem cuidou dele fui eu!

Agora, quando mais preciso dele, ele prefere ensaiar com o grupo de pagode, sair com os amigos para beber ou ficar falando de outras mulheres, na minha frente!

O pior não é só isso, mudou-se para o quintal uma menina de quinze anos com sua família. Acredita que no final de semana fui chamá-lo para irmos ao shopping comprar a banheira da nenê e, quando chego, dou de cara com a menina, sentada em nossa cama, escutando música! Tudo bem que a janela estava aberta e eles só estavam conversando. Foi a pior sensação de toda a minha vida. Não preciso dizer que minhas dores começaram nesta noite.

No dia seguinte, quando chegou do trabalho, foi me procurar e teve a cara-de-pau de falar que eu fui grossa, porque não entrei e conversei com a menina. Imagina o estado de nervos que fiquei!

O que isso tudo causou foram as dores fortes aqui embaixo na barriga, que me levaram ao hospital duas vezes! Tive de tomar injeções para evitar que a Angélica nascesse e conseguisse chegar até o final da gravidez, já estou com dois dedos de dilatação e estou com medo de ter uma depressão pós-parto, apesar de já estar deprimida. Vivo assim, nervosa, chorando pelos cantos, solitária.

Por isso peço-lhe ajuda. Agradeço, desde já, por tudo.

Beijos da Rosa

Rosa procurou atendimento psicológico aos quatro meses de gestação, em busca de um *curso para gestantes*, depois de ter vivido dois abortos espontâneos decorrentes de cistos ovarianos. Ao ser informada de nossos objetivos psicoprofiláticos e psicoterapêuticos, nos quais não se propunha uma abordagem pedagógica,[3] não se incomodou, comentando: "... não adianta nada informação, se a cabeça da gente não está boa", incluindo-se imediatamente no atendimento. Sua maior preocupação era que o bebê crescesse tanto quanto todos os bebês de sua família e que, por algum motivo, fosse impedida de realizar uma cesariana e conduzida para o parto normal, temido intensamente. Dessa forma, ouviu com alívio o veredicto do médico que recomendou o parto cesariano, dado o quadro de placenta baixa, apresentado por Rosa. Conforta-se também com a promessa da mãe de acompanhá-la na hora do parto, já que seu marido "não agüentaria... acho que eles precisam até mais que a gente do curso!"

Rosa foi criada por sua mãe, que a levava de casa para o trabalho, sustentando a família, já que perdera seu pai aos oito anos de idade, de quem só guardava "lembranças ruins" de episódios de alcoolismo e prisões. Deprimida sempre que pensava no pai, encontrava conforto na avó materna, por quem nutria um carinho especial, pois não a colocava em roupas apertadas quando criança, nem criticava sua incapacidade para sentir os movimentos do bebê no ventre, como sua mãe o fazia.

---

[3] Winnicott abordou, seguidas vezes, a nocividade desse tipo de abordagem no trabalho com gestantes, experiência comprovada por Granato (2000), desencorajando o clínico de qualquer tentativa de aproximação pedagógica da gestante, seja com intuitos psicoprofiláticos ou psicoterapêuticos, já que potencializam tanto a emergência inútil de ansiedade, quanto a dissociação da psique-soma, que é base para que a maternidade seja vivida naturalmente (Winnicott, 1949[b]).

Grávida de Cravo, sonhava com a possibilidade de um casamento gratificante e com o desfrute de uma família mais harmônica. Justifica a atitude de sua mãe pela necessidade financeira, mas imagina oferecer melhor ambiente para sua filha, trabalhando apenas meio período. Ao final da gravidez, Rosa precisou interromper nossos encontros, permanecendo em repouso por indicação médica, aceitando, porém, a oferta da terapeuta de continuidade do relacionamento terapêutico por correspondência.[4]

O sonho apresentado nos contatos pessoais foi, abruptamente, substituído pela realidade árida de uma família que se constituiu apoiada por várias gerações, exclusivamente, na linhagem materna: Rosa passa a escrever sobre sua perplexidade diante das novas atitudes de Cravo, que retira seu apoio da mulher, afirmando que "nascera para ser livre", e a confronta com episódios de alcoolismo e traição. Rosa não entendia a reação de Cravo deflagrada pela questão do nome da filha que estava para nascer: após ter ouvido de Cravo a história de uma princesa africana que se apaixonara por alguém, Rosa concorda em dar o nome da princesa para sua própria filha, o que deixou Cravo muito satisfeito, até o momento em que a avó de Rosa tem um sonho no qual a bisneta, que está por vir, traz um outro nome (Angélica). Rosa, enredada pelo pedido da avó querida para que mude o nome da filha e pela promessa feita a Cravo, cai na armadilha que a paralisa na teia materna, distanciando-a da condição de mulher apenas anunciada pela gestação (Dolto, 1982). O pai é novamente excluído dessa família quando Rosa cede aos desejos da avó, tendo início a batalha conjugal de onde não sairão vencedores.

Rosa telefona à terapeuta, comunicando o nascimento de sua filha e o alívio sentido pelo bem-estar das duas. Ainda apreensiva, conta que o marido tem sido atencioso nas visitas à maternidade e fala de seu desejo de ficar ao lado dele. Recorda-me

---

[4] Correspondência iniciada com a carta relatada logo acima, no início deste capítulo.

da oferta feita ainda durante a gestação sobre a "visita terapêutica"[5] e se mostra receptiva a um encontro domiciliar, combinado também por carta e acontecido na casa de sua mãe. Contrariamente a minhas expectativas, Rosa não parecia estar à vontade na casa da mãe, embora estivesse saindo-se muito bem enquanto mãe. Sua dedicação delicada e sensível à filha se mesclava com um sentimento sussurrado de desconfiança em relação à própria mãe, que lhe parecia mais atenta às demandas do genro do que a suas, aconselhando-o a "seguir seu próprio caminho" cada vez que reclamava de Rosa.

A preocupação materna primária é descrita por Winnicott (1956) como um estado psíquico especial em que se encontra a gestante, ao final da gestação, e a mãe nas primeiras semanas ou meses que sucedem o nascimento de seu bebê. Nessa época, a mulher retira gradualmente os investimentos libidinais de seus interesses habituais, drenando-os para o bebê e seus cuidados, o que a torna retraída, pelo uso de mecanismos esquizóides, ao mesmo tempo em que a capacita para o estado de devoção (Winnicott, 1952) comumente observado na mãe de um recém-nascido. Sendo saudável o bastante para "adoecer" desse modo específico tanto quanto para recuperar-se dele, à medida que o bebê a libera, a mãe estará em condições de se adaptar sensivelmente às necessidades de seu bebê, o que a colocará num lugar privilegiado para a satisfação das necessidades mais básicas do filho. Essa situação é o que de melhor poderia acontecer a um ser humano que busca existir através do outro, embora desvios, como a impossibilidade de uma mulher se render ao *estado preo-*

---

[5] Termo criado para as visitas feitas, por solicitação das pacientes, logo após o nascimento do bebê, dentro do enfoque psicoprofilático tão enfatizado por Bleger (1984), como atuação fundamental do psicólogo clínico, buscando distanciá-lo do modelo curativo da medicina. A nosso ver, essa modalidade mostrou-se coerente com o contexto social dessas ocasiões, em que amigos e familiares costumam visitar a mãe e seu bebê logo após o parto, num misto de reverência e comemoração.

cupado ou ainda de restabelecer-se retomando sua vida anterior, sejam freqüentemente observados. O cuidado materno, entendido como realização comum e natural por Winnicott (1949[a]), compreende, como já vimos anteriormente, três áreas fundamentais (WINNICOTT, 1967[a]):

> – O segurar *(holding)*, entendido como o colo físico e psicológico oferecido ao bebê que, partindo de um estado de não-integração inicial (WINNICOTT, 1954[b]), tende à integração (física e psíquica), ao ser sustentado e protegido das intrusões do mundo externo. O colo materno carrega ritmos, texturas, cheiros e tensões que podem adaptar-se, criar ou invadir o processo de constituição do *self* do bebê.
>
> – A manipulação *(handling)*, que envolve toda a sorte de cuidados físicos dispensados ao bebê (o amamentar, o toque, a mudança de posição, o acariciar, a troca de fraldas, o banho, o trocar de roupas), possibilitando a integração psicossomática (WINNICOTT, 1949[b]; 1954[a]), já que a psique se forma a partir da elaboração imaginativa das vivências corporais. O manuseio do corpo do bebê traça os contornos do *self*, produzindo a experiência de personalização.
>
> – A apresentação de objeto *(object presentation)*, em que a mãe filtra ou "dosa" (WINNICOTT, 1949[c]) o *quantum* de realidade externa que apresentará ao bebê, de acordo com suas necessidades e habilidades, permitindo inclusive a transformação de tal realidade de acordo com a tolerância do bebê. Aqui se abrem o caminho para os relacionamentos interpessoais e a possibilidade de apreciação da realidade compartilhada.

Essa dedicação parece ter sido alcançada por Rosa com êxito, embora ela tenha colocado inadvertidamente um obstáculo ao movimento seguinte, aquele que abre o caminho para o pai no sentido da filiação, ao ser considerado genitor, marido e representante de todos os interesses de uma mulher que excedam os maternais. Mas como podia ela confiar no pai? O pai bêbado, preso e morto transposto para o marido bêbado e infiel? Em que pai poderia Rosa se ancorar para romper o magnetismo exercido pela avó e pela mãe que a atraíam para uma existência assexuada?[6]

Winnicott (1957) aponta a devoção do marido, ou o *holding* que oferece à esposa, como a principal função do pai na vida do bebê. Para esse autor (1945[b]), o pai se mostra fundamental sob três aspectos principais:

> – O pai, no caso de manter bom relacionamento com a mãe, contribui para seu bem-estar físico e psíquico, protegendo-a das interferências externas à relação mãe-bebê tranqüila. Sua vida sexual, além de gratificante para o casal, é tomada pela criança como referência para todas as fantasias que se desenvolverão em torno da triangularidade das relações.
>
> – O pai pode funcionar como suporte moral da autoridade da mãe, tornando-se co-responsável pela lei e pela ordem, aliviando a mãe das dificuldades implícitas à criação dos filhos, fardo pesado demais para ser carregado por uma única pessoa.

[6] Para uma interessante discussão sobre a contemporaneidade como produtora da dissociação entre erotismo e parentalidade, em que o subjetivo é subjugado ao saber técnico com o objetivo de atender a uma demanda de consumo, consultar Marie-Magdeleine Chatel (1995) e Jean Baudrillard (2000), que apontam uma origem social para fenômenos como o vivido por Rosa e descrito no presente trabalho. E mais especificamente, no que diz respeito à realidade social brasileira, podemos identificar inúmeros exemplos, dos quais Rosa é um no qual a mulher passa a ocupar o lugar de chefe de família diante da impotência vivida pelo homem, que se vê destituído do valor que outrora possuía. Como não é objetivo do presente trabalho, recortarmos o caso Rosa a partir de um enfoque socioeconômico, apenas sugiro como instigante leitura a pesquisa de Elisabeth Badinter (1980), que articula a evolução do amor materno com o contexto sócio-político-econômico da França dos séculos XVIII ao XX.

> – O pai é necessário para os filhos, no sentido de enriquecer suas vidas com sua forma pessoal de ser, fornecendo elementos distintos daqueles apresentados pela mãe no cuidado dos filhos, à medida que se aproxima deles e sobrevive a eles.

Cravo falha na função de pai, oferecendo um ambiente inóspito para a tranqüilidade de Rosa e para o crescimento saudável da filha. Vinga-se quando, ao ser chamado por Rosa, que pretendia fazer uma composição entre o nome da avó e o nome do marido, para nomear a filha, coloca ao lado do nome escolhido pela avó não mais um nome de princesa, nem mesmo o de uma bruxa, mas o de uma pedra, tornando-a filha de ninguém. Disposta a escrever uma nova história para si, Rosa viu-se a repetir o destino das mulheres de sua família, enquanto Cravo era tragado pela experiência da paternidade.[7]

Rosa tentou uma conciliação entre a avó-mãe (aglutinação das várias gerações de mulheres) e o marido, entre o papel da mãe e o da esposa, entre as funções materna e paterna, mas sua filha recebeu um nome duplo, primeiro o da pedra e depois o eleito pela bisavó. Filha do ódio do pai e da benevolência paralisante da bisavó. E Rosa termina como na cantiga infantil[8] – despedaçada.

As cartas continuaram trazendo as tristezas de Rosa. Numa delas Rosa me pedia que escrevesse ou telefonasse para Cravo numa agência dos Correios, já que ele era carteiro, fazendo-me porta-voz de seus sentimentos amorosos por ele, enquanto mo-

---

[7] Ver também descrição de Françoise Dolto (1981) sobre uma modalidade de experiência infantil e desorganizadora da maternidade que ameaça não só o filho com o lugar fixo de objeto do desejo da mãe, como também o marido que, sob ameaça de regressão, reinveste sua antiga vida de solteiro. Para a autora, o sentimento materno adulto é construído a três, no qual a mãe mantém seus interesses conjugais, sociais e culturais paralelamente à dedicação a seus filhos.

[8] "O Cravo brigou com a Rosa./ A Rosa brigou com o Cravo./ O Cravo saiu ferido./ E a Rosa despedaçada.

rava um tempo na casa da avó. Gentilmente recoloco essa possibilidade em suas mãos e, fazendo uso de minha oferta (WINNICOTT, 1969[a]), reata o relacionamento com Cravo, voltando para sua casa. As desavenças continuam; Cravo bebe cada vez mais, endivida-se e sente falta de seus pais; Rosa perde o emprego e trabalha à noite como ambulante "para que nada falte" à filha, sob a acusação do marido de vadiagem. Como escreve Rosa, sua "vida está 50% bem", referindo-se à maternidade, que lhe parece ser a única fonte de gratificação e compensação na vida, e os outros 50% se referem ao marido que, diante da própria desorganização psíquica, busca manter alguma estabilidade agarrando-se à paternidade e ameaçando Rosa com a luta pela guarda da criança, caso ela informe sua família das desavenças conjugais. Rosa, assustada, faz seu último pedido à terapeuta: certificar-se de seus direitos enquanto mãe e saber como proceder em caso de necessidade do auxílio da justiça. De posse dessas informações, Rosa "opta" por atracar sua existência à função materna, antigo porto seguro da mãe e da avó, de onde nunca mais mandou notícias...

Capítulo 8

A preocupação materna primária especial[1]

Tania Mara Marques Granato
Tânia Maria José Aiello Vaisberg

Dos muitos encontros que tivera com mães e seus bebês, enquanto pediatra, com pais e seus filhos, na clínica de psiquiatria infantil, ou ainda com pacientes adultos como psicanalista, Donald Winnicott pôde aproximar-se um pouco mais do acontecer humano em termos do desenvolvimento emocional primitivo do indivíduo (WINNICOTT, 1945[a]) e do cuidado materno concebido como base da saúde mental futura (WINNICOTT, 1960[c]).

Se nos perguntarmos de que é feito afinal o cuidado que uma mãe ou seu substituto dispensa a um bebê, chegaremos sem dificuldade a descrições do que já pudemos testemunhar nesse tipo

---

[1] Este trabalho foi originalmente publicado na *Revista Psicologia Clínica da Pontifícia Universidade Católica do Rio de Janeiro*, v. 14, n. 2, 2002, p. 87-92.

Por "especial" entendemos todas aquelas situações em que a constatação de alguma patologia ultrapassa os domínios da fantasia, exigindo uma dedicação especial por parte da mãe, do núcleo familiar e do ambiente sociocultural, como as malformações congênitas, as deficiências mentais, os comprometimentos neurológicos, os distúrbios metabólicos, as doenças infecciosas e a psicopatologia da infância.

de situação: a mãe o amamenta ou lhe dá a mamadeira, segura-o ao colo, troca suas fraldas, banha-lhe o corpo, aquece-o com roupas, embala-o para dormir, consola suas dores e seus temores, ela lhe apresenta o mundo em pequenas doses levando em conta sua capacidade de tolerar o que vem de fora. A mãe precisa ainda sobreviver aos acessos de cólera de seu bebê, a sua ingratidão ou indiferença, a sua recusa a se alimentar ou a sua voracidade, à falta de sono que lhe é imposta; enfim, renunciar a seus próprios interesses em favor dos dele. Não podemos aqui nos esquecer da dificuldade que toda mãe tem de aceitar os sentimentos odiosos oriundos da própria experiência materna (Winnicott, 1947) quando vivida de maneira integrada, pois da mesma forma que ela lhe traz exigências (algumas vezes intoleráveis), traz também gratificações profundas.

Do ponto de vista da mãe, ela se encontra *preocupada* de uma maneira bastante especial (Winnicott, 1956). Essa preocupação tem suas raízes em todas aquelas experiências que vivemos nos relacionamentos iniciais com nossos pais, na medida em que abrem caminho, ou não, para o desenvolvimento do potencial que herdamos ao nascer. Para Winnicott, a mãe é quem está naturalmente mais inclinada e preparada para o desempenho dessa tarefa, pois à medida que a gravidez avança, as mudanças adaptativas do corpo materno se fazem acompanhar de processos psicológicos que a transformarão para sempre (Stern, 1985). A mulher passa a se sentir mais e mais envolvida com questões relativas aos fenômenos que observa em seu corpo e em sua psique, antevê o parto como um momento de ruptura pelo qual será posta à prova, como num rito de iniciação onde a superação é festejada, ao mesmo tempo em que marca o início de uma nova fase da vida, tão desejada quanto temida. O pós-parto é marcado pelos primeiros contatos fora do útero, onde as comunicações acontecem pela via da sensorialidade (Safra, 1999) e a mãe precisa estar apta a "entender" essas comunicações, pois disso depende a satisfação das necessidades básicas de seu bebê. Como ela faz isso? Pelo processo da *preocupação materna primária,* a energia, antes dirigida a todas as relações e atividades das quais a mãe se ocupava, passa a ser orientada para o relacionamento com o bebê, de quem passa a se ocupar física e psiquicamente, desde o final da gestação até as primeiras semanas ou meses após o parto. Dizemos que a mãe se adapta de uma maneira sensível às necessidades de seu bebê com a delicadeza e sutileza que a vulnerabilidade do recémnascido exige, porque está em condições de se identificar com ele a ponto de "saber" de que ele precisa, de que forma e em que momento ele precisa ser satisfeito. Essa atitude pode surpreender aos que a cercam, que passam a se preocupar com sua possessividade em relação ao bebê, seu retraimento em relação ao mundo externo, assim como com sua intensa dedicação (Winnicott, 1949[a]). Apesar disso, a mãe precisa ser saudável o suficiente para se deixar levar por esse estado devotado (Winnicott, 1952) dos primeiros tempos tanto quanto para afrouxá-lo, gradualmente, à medida que seu filho cresce e conquista um espaço maior para o exercício de suas potencialidades. Da dependência absoluta do início, rumamos por um longo caminho para a independência, que nos possibilita compartilhar uma realidade com o outro sem, contudo, perdermos o contato com nossa singularidade e espontaneidade.

Nem todas as mães se preocupam assim (Granato, 2000). Algumas temem o estado *preocupado*, que parece sugar-lhes a alma, e preferem entregar o bebê aos cuidados de outrem (Winnicott, 1969[b]) tão logo saem da maternidade, voltando o mais rapidamente possível a seus afazeres costumeiros, numa tentativa de retomada imediata da vida anterior, imaginando que não perdem nada. Num momento posterior, essas mães podem ver-se envolvidas na extenuante tarefa de recuperar o tempo perdido, passando a mimar seus filhos. Outras mães têm uma capacidade de entrega tão fantástica quanto o é sua impossibilidade de emergirem dessa preocupação excessiva (Winnicott, 1960[d]), permanecendo prisioneiras desse estado e interrompendo o curso natural do desenvolvimento do filho; suas próprias vidas tornam-se empobrecidas nos relacionamentos e um vínculo doentio se estabelece com a criança. Há situações ainda mais graves, nas quais o bebê fica exposto a uma variação tão grande de cuidados (não esquecendo que a falha está sempre implícita no cuidado), em que o imprevisível passa a dominar a cena, ficando assim impossibilitado de desenvolver, através de uma rotina de cuidados, o sentimento de confiança básica que sustenta toda uma capacidade de fruição dos relacionamentos interpessoais.

Do ponto de vista do bebê, o processo de integração, que organiza aspectos de *self* na formação de uma individualidade (Winnicott, 1967[b]), é mantido pela capacidade que a mãe tem de oferecer um ambiente de *holding*, através do colo físico e psicológico, que envolve e sustenta o bebê. No corpo a corpo diário, o bebê é tocado, acariciado, experimenta mudanças de posição no berço, é envolvido por cheiros, texturas e sons, é embalado por um ritmo especialmente desenvolvido por ele e por sua mãe numa afinada parceria, e num movimento inicial hesitante convida a mãe para a dança da amamentação, em que os pares criam os passos ao invés de imitá-los. Aqui, os contornos do *self* são traçados e propiciam a integração psicossomática, na qual corpo e psique passam a formar uma unidade. A mãe, sem que se dê conta, passa então a preparar seu filho para o contato com o mundo das outras pessoas, protegendo-o de uma exposição excessiva pelo contato gradual e criativo com a realidade externa (Winnicott, 1949[c]). Pensamos ser fundamental sublinhar que na presença de saúde da mãe e do bebê esses processos se dão natural e espontaneamente, sem que a mãe precise dominar uma técnica específica ou ser superdotada intelectualmente (Winnicott, 1949[a]), ela precisa apenas estar suficientemente sensível às demandas de seu filho. Não menos importante é a questão do ambiente que cerca a dupla mãe-bebê, ou seja, seu contexto familiar, social e cultural, que garante a estabilidade e o suporte necessários à mãe para que ela possa, por sua vez, oferecê-los a seu filho (Aiello Vaisberg, 1999; Winnicott, 1945[b]).

Como tudo isso se daria por ocasião do nascimento de uma criança especial? O próprio Winnicott (década de 60) já afirmava ser bastante complicado para uma mulher crer em sua própria capacidade de gerar um filho perfeito, fantasma que só seria afastado pela constatação da saúde do bebê, logo após seu nascimento. Isto sem considerar a hipótese da mãe que insiste na patologia do filho, apesar de todos os argumentos favoráveis. O que acontece quando essa fantasia é comprovada? Aqui, mais uma vez, contaremos com a configuração familiar e social tanto quanto com o estilo de ser daquela mãe em particular. Além disso, o bebê precisará contar com a força vital que lhe é inerente, a despeito da doença ou deficiência que carrega, para que possa aproveitar ao máximo tudo o que o mundo lhe oferece.

O que se pode dizer da *preocupação materna primária* numa situação especial? Que ela provavelmente precisará ser especial também, não tanto em termos de sua intensidade ou profundidade, nem mesmo da capacidade que a mãe tem de se colocar no lugar do bebê, já que todo bebê necessita da sensibilidade materna para ser atendido no estado de imaturidade em que se encontra. Será uma *preocupação especial*, no sentido de sua duração, já que no lugar do arrefecimento da dedicação absoluta das primeiras semanas ou meses, observaremos o prolongamento dessa situação, um declínio menor do que o habitual, seu retorno em épocas de crise ou ainda sua manutenção por toda uma vida, em situações extremamente peculiares. Já que a devoção materna se dá na medida da dependência do bebê ou da criança, na presença de uma criança que continua a viver um estágio de dependência absoluta ou relativa, teremos uma mãe mais preocupada do que aquela cujo filho caminha resoluto para a independência.

Como estamos falando de situações especiais, cumpre salientar a necessidade de um ambiente de *holding* que inclui o amparo médico, social, financeiro e afetivo para essas mães, destacando o suporte do marido e dos profissionais que a assessoram nos cuidados especiais exigidos. Nem todas as mães toleram essa carga extra de dedicação, enquanto outras se entregam tão intensamente a ela que acabam por esquecer de si mesmas, do marido e dos outros filhos, ditos "normais". Atividades profissionais e sociais são relegadas, casamentos são destruídos e filhos saudáveis se queixam de falta de atenção. O equilíbrio entre as várias demandas da vida e a satisfação das necessidades pessoais é uma conquista de cada indivíduo, porém a possibilidade de compartilharmos uma realidade com outros sem comprometer nossa dignidade, enquanto seres humanos singulares, estará condicionada ao sentimento de confiabilidade adquirido em nossas vidas (Winnicott, 1967[b]).

Capítulo 9

Prímula e Narciso
A caminho da preocupação materna primária[1]

Tania Mara Marques Granato
Tânia Maria José Aiello Vaisberg

Preocupação materna primária é o termo tecido por D. W. Winnicott (1956) para designar o *estado preocupado* da mulher, característico das primeiras semanas ou meses após o parto, cuja primeira aparição se faz sentir já no final da gestação. A mulher torna-se ensimesmada e retraída, deslocando o foco de sua atenção de todos os seus interesses anteriores, como se os estivesse drenando para o bebê, em harmonia com o que se passa em seu corpo, que agora sustenta o do bebê. Ela parece padecer de uma

[1] O presente trabalho é fruto da elaboração teórica de um dos casos clínicos que foram trabalhados em maior extensão na Dissertação de Mestrado "Encontros Terapêuticos com Gestantes à luz da Preocupação Materna Primária", apresentada por Tania Mara Marques Granato ao Programa de Pós-graduação em Psicologia Clínica do IPUSP, sob a orientação da Profa. Livre-docente Tânia Maria José Aiello Vaisberg.

doença esquizóide (Winnicott, 1956) ou regressiva[2] como outros autores sugerem (Cramer, 1993; Fernandes, 1988; Langer, 1978; Little, 1990; Soifer, 1977; Tsu, 1980), mas isto se dá apenas temporariamente, já que tende a se recuperar dela algumas semanas ou meses após o parto. Outros termos foram utilizados por Winnicott para descrever esse estado, e podem auxiliar-nos no sentido de um maior esclarecimento sobre a vivência emocional da mãe que acabou de dar à luz:

> – *Mãe dedicada comum* (1949[a]), sugerindo uma naturalidade e espontaneidade do estado materno, ou ainda a não exigência de qualquer especialização ou técnica sofisticada para o desempenho da tarefa materna.
>
> – *Devoção materna* (1952), que nos remete à dedicação profunda da mãe para com seu bebê e que o autor traduz como sendo esta uma *adaptação sensível e ativa* às necessidades do bebê, tornada possível por processos de identificação maternos que a colocam em posição de "saber" o que o bebê precisa.

Após essa breve exposição do conceito winnicottiano, tema do presente livro, passaremos diretamente à apresentação de Prímula[3] e Narciso, mãe e filho, que uma de nós[4] teve o prazer de acompanhar desde o início da gestação até os nove meses de idade de Narciso.

Quando Prímula procurou ajuda clínica, iniciava seu quarto mês de gestação, sendo atendida desde então, na freqüência de

---

[2] Para uma discussão mais aprofundada a respeito da distinção que Winnicott faz entre os termos "regressão" e "retraimento", sutil porém fundamental, sugerimos ao leitor que consulte o Capítulo 3 (Granato, 2004[b]) da Tese de Doutorado "Tecendo a Clínica Winnicottiana da Maternidade em Narrativas Psicanalíticas", apresentada por Tania Mara Marques Granato ao Programa de Pós-graduação em Psicologia Clínica do IPUSP, sob a orientação da Profa. Livre-docente Tânia Maria José Aiello Vaisberg.

[3] Os nomes das pacientes, de seus bebês e de seus maridos foram substituídos por nomes de flores, com a finalidade de preservar suas identidades.

[4] O atendimento clínico foi realizado por Tania Mara Marques Granato.

um encontro semanal, até os seis primeiros meses de vida de Narciso, que a acompanhou na maioria dos encontros ocorridos durante o período pós-parto. A pedido de Prímula, que se mostrou indignada com a interrupção de nosso trabalho, foram agendados atendimentos adicionais até o primeiro aniversário de Narciso. Trechos de alguns encontros são aqui recortados, com a finalidade de acompanharmos a trajetória da preocupação materna de Prímula.

Por ocasião do primeiro encontro, Prímula estava casada há 10 anos e havia sofrido dois abortos, um provocado por suspeita de malformação do feto, em função de administração indevida de um medicamento potente, e outro, um aborto espontâneo. Seu marido, Lírio, 14 anos mais velho, estava exultante pela chegada do filho, já que imaginou que não mais seria pai em razão de sua idade e da indecisão de Prímula, que adiava esse projeto sempre que se tocava no assunto. Ela justifica a demora por sua própria forma de ser, dizendo que "sempre quis estar por dentro de tudo e acompanhando tudo de perto" e por certa parcela de "egoísmo", que a impediam de "deixar de fazer certas coisas, como por exemplo, viajar..." Ela se sentia muito bem, negando os desconfortos físicos que são comumente relatados por gestantes, porém receava a *depressão pós-parto,* o que a levou a procurar ajuda, afirmando seus propósitos preventivos.

Interessante notar como Prímula já anunciava, naquele momento tão inicial, a possibilidade de ocorrência de depressão, temendo sua pouca disponibilidade para a entrega aos cuidados de um bebê, assim como situações que a ameaçavam com o descontrole emocional:

> "... Na hora do parto quero meu marido comigo, mas não ali de frente, e sim do meu lado, nada de filmar, porque tenho medo de ficar inconsciente, e ele ali vai me falando... E também, depois do bebê nascer,

> quero que ele vá correndo olhar se estão examinando, o... como é que chama aquele médico que vê a criança? (neonatologista). E ver também se estão fazendo o exame do pezinho..."

Enquanto descreve de forma dramática o parto imaginado, que poderia dilatar sua vagina a ponto de não mais sentir o pênis do marido, Prímula parece estar de volta à vivência de ansiedades primitivas, chamadas impensáveis por Winnicott (1963), que a desestabilizam, tornando-a ansiosa ante a diminuição de seu desejo e prazer sexuais, então sentidas como sinal de colapso iminente:

> "... Sempre quis cesárea, e agora que eu já estava me preparando para o parto normal... no curso (curso dirigido a gestantes numa maternidade) a médica falou cada coisa que eu já estava com medo de novo! A médica, ou enfermeira, disse que muitas vezes o bebê é muito grande e não conseguia passagem, aí o médico 'forçava' o parto normal quebrando a clavícula do bebê! E disse que isto até não teria muito problema já que não era mais necessário engessar o bebê, mas apenas enfaixá-lo por três dias. O problema é que muitas vezes a mãe era 'rasgada até o ânus'! Então criei coragem e perguntei se a vagina podia ficar 'arrombada' depois do parto normal e se era possível o médico 'dar um pontinho a mais'. A médica esclarece que não altera nada e que não é possível dar um ponto a mais, senão ela ficaria 'aleijada', o médico fecharia do jeito que era antes".

O parto, a gestação e o filho aqui se fundem numa experiência mutilante e castradora. A criação é substituída pela destruição encarnada na entidade *depressão pós-parto*. Além disso, fica patente o quão nociva pode ser a abordagem pedagógica do drama[5] vivido pela gestante e pela puérpera, dano já sinalizado por Winnicott (1949[d]) quando sublinhou a ansiedade e a dissociação psicossomática que são incrementadas por esse tipo de enfoque.

Prímula costumava relatar dois movimentos contrastantes em sua vida conjugal, traduzindo sua ambivalência em relação à gestação e à maternidade: apesar de trabalharem juntos, Prímula e Lírio costumavam brigar bastante em função da postura que assumiam diante das questões profissionais. Em contrapartida, em casa, eram "... grudados um com o outro, fazemos tudo juntos, até comprar calcinha, ele vai junto e dá palpite. Mesmo quando saímos, se vamos a um hotel, ficamos só os dois, não fazemos amizade e gostamos assim..." Pareciam ter vivido muito bem até então, e a chegada do bebê tanto preocupava quanto ameaçava a continuidade do idílio que fora criado pelo casal para preencher necessidades, que só mais tarde viemos a compreender.

Prímula pôde, então, aproveitar uma das oportunidades oferecidas pela vida para ensaiar sua capacidade materna quando uma amiga sua, a propósito do aniversário de Lírio, perguntou a ela se podia presenteá-lo com um cachorrinho. Ela resolveu *aceitar o desafio* e aquiesceu. Preocupou-se com o ciúme que ela ou o marido pudessem sentir em relação ao cachorro, já que se interpunha entre os dois, mas logo se percebeu "cuidando dele como de um filho!" Agora ela temia que seu cachorro viesse a se sentir abandonado depois do nascimento do bebê e planejava "arranjar-lhe uma companheira" – sua forma de evitar a dor da exclusão e da privação de afeto.

A confiabilidade parecia ser o eixo em torno do qual Prímula organizava todas as suas vivências emocionais, tanto quanto ocu-

---

[5] O conceito de drama aqui utilizado é oriundo da proposição de Politzer (1928) acerca do objeto de estudo da psicanálise. Sob inspiração politzeriana, Bleger (1957) e, entre nós, Aiello Vaisberg (2003) enfatizam que a experiência encarnada constituiria o fenômeno de estudo da Psicologia, alertando-nos para o perigo das abstrações ou especulações a respeito do acontecer humano, que são no mínimo estéreis, senão prejudiciais.

pa lugar central nos escritos de Winnicott (1956, 1964, 1969[b]), que atribui à afinada e contínua adaptação da mãe a seu bebê, a possibilidade da criação de um espaço de confiança, onde o bebê possa exercitar seu potencial criativo para que, numa etapa bem mais sofisticada, seja capaz de viver no mundo de forma adaptada, sem com isso prescindir da autenticidade (Winnicott, 1960[a]) e da originalidade que caracterizam o viver saudável. Prímula parece ter sobrevivido a falhas ambientais, mantendo a esperança de um novo encontro confiável enquanto ainda duvidava dessa possibilidade: Como confiar na mãe que já a expulsara de casa para acolher em seu quarto um hóspede que pagasse por sua cama? Que mãe é essa que atribui à maldade da filha sua incapacidade de gerar um filho? Em caso de necessidade, como chamar o médico que insistia em ocultar seus telefones, evitando ser assim encontrado? Como contar com um marido que, diante de situações de tensão, costuma trancar-se no banheiro, vítima de diarréia? Como confiar na empregada que de uma hora para outra a abandona? Assustada, Prímula esconde sua gravidez de todos e sente-se aliviada ao verificar, em uma visita à maternidade, a existência de um "segurança", cuja principal função é garantir a integridade física dos bebês.

Aos sete meses de gestação, já mais distante das preocupações iniciais com a estética de um corpo ameaçado pelas transformações da gestação, Prímula passou a se preocupar com os cuidados que a mãe dispensa a seu bebê, selecionando o banho para comunicar o mundo de sensações em que mãe e bebê estão mergulhados: a água, o sabonete, o óleo de amêndoas, a pele, a temperatura, o cheiro... Lida com a sensorialidade[6] que a levava tão longe, a ponto de se tornar insegura acerca do retorno de sua genitalidade, expressa no temor à frigidez após o parto. Temia

[6] O leitor interessado no tema da sensorialidade poderá recorrer à leitura de Safra (1999).

que as vivências de fusão, que agora experimentava na gestação, estendessem-se para além do parto, condição que facilitaria tanto a identificação com as necessidades de seu bebê quanto o risco de jamais se separar dele, incapacitando-a desse modo para a maternagem e para a vida. Prímula duvidava de sua capacidade de rendição ao estado *preocupado* em virtude do temor de que lhe faltassem forças para se recuperar dele.

> P: Você reparou que eu a chamo de Vera?
> T: Reparei...
> P: Mas não é Vera, é?
> T: Não, é Tania.
> P: Nossa, de onde eu tirei Vera?
> T: É alguém que você conhece?
> P: Não, não conheço nenhuma Vera...

Foi no oitavo mês que Prímula se deu conta da confusão criada em torno do nome de sua psicoterapeuta, criado por ela da mesma forma que o seu havia sido *inventado*[7] por sua mãe, no instante em que começava a se preocupar com a escolha do nome de seu filho. Confusão desfeita, a fusão permanece e Prímula continuou a chamá-la de Vera até o nascimento de Narciso, quando ambas se separaram. Dois modos de vinculação ficaram evidentes, a relação fusional ou a interrupção brusca e total, ambas herdeiras das relações de Prímula com a própria mãe, que parecia também viver na alternância entre aqueles dois extremos. Experiências de

[7] Prímula lamentava o fato de sua mãe haver criado nomes para suas três filhas unindo letras a seu bel-prazer, tomando apenas o cuidado de manter a mesma inicial para todas elas. Interessante notar que enquanto Prímula escolhia um nome para seu filho, dentre as três opções que mais lhe agradavam e que pareciam casualmente manter a inicial de seu próprio nome, preferiu levar em consideração o conselho de um numerólogo que apontava um dos nomes pretendidos como sendo o único que garantiria um futuro feliz para Narciso. Contamos com a compreensão do leitor a respeito da não coincidência das iniciais referentes aos pseudônimos aqui adotados, fato que já não ocorria em relação aos nomes reais.

ilusão (WINNICOTT, 1954[c]) parecem ter sido seguidas por desilusão grosseira na vida de Prímula, dificultando a retomada de sua capacidade de confiar e daqueles encontros terapêuticos, ocorridos somente após três telefonemas de sua terapeuta, em que lhe assegurava sua disposição para atendê-la. Foi no último que Prímula lhe contou um sonho:

> P: ... Eu via minha mãe na rua vindo em minha direção. Seu rosto estava horrível, parecia triste, cansada, tinha olheiras e quando eu chegava perto, ela passou reto sem nem olhar, vê como ela é?!
>
> T: Parece bem você, Prímula, triste, cansada e passando reto...
>
> Acontece um silêncio, seguido de choro.
>
> T: Puxa! Eu a fiz chorar, não é, Prímula?
>
> Ela continua a chorar. A terapeuta espera. O reencontro é marcado.

Naqueles primeiros reencontros, Prímula chorava bastante, fragilizada e sensibilizada com a ausência da mãe, lutava com seu peito para que lhe devolvesse a potência materna perdida e invejava as mães dos gordos bebês que havia encontrado na sala de espera do pediatra... Desejava ardentemente que seu filho fosse reconhecido pela avó com a esperança de, indiretamente, obter seu próprio reconhecimento como filha, mas essa aproximação ainda continha muitos perigos, como a rejeição materna ou ainda ter seu filho roubado pela mãe invejosa.

Os encontros terapêuticos se organizavam como campo atual para vivenciar não apenas sua história como também o novo: deixando Narciso nos braços da analista enquanto se ausentava da sala, fazendo-a segurar seus protetores de seio enquanto amamentava Narciso, mostrando-lhe o que precisava com o dedo, como se fora criança que tem na terapeuta-mãe seu prolongamento, podendo "adivinhar" suas necessidades, enquanto se adapta a elas.

Vivendo e recuperando-se gradativamente do estado *preocupado* que a absorvia a ponto de assustá-la, Prímula criou sua própria maneira de ser mãe, levando o filho e a babá para o escritório e envolvendo Lírio nos cuidados do bebê também à noite. O fantasma da mãe perseguidora (Winnicott, 1954[c]) deixou de assombrá-la, à medida que se encontrava no olhar de sua terapeuta (Winnicott, 1967[a]) e, num gesto de gratidão e celebração, presenteou-a pelo Dia das Mães.

Das palavras, gestos, atitudes, olhares e sentires que constituíram esse processo de aproximação da preocupação materna primária, pouco pudemos reconhecer do enfoque psicanalítico clássico, as interpretações explicativas cederam seu antigo lugar de privilégio aos movimentos adaptativos da terapeuta (Aiello Vaisberg, 2003[a]; Summers, 1999; Winnicott, 1947) em direção às necessidades de sua paciente que, ao ser reconhecida como filha, inaugura-se enquanto mãe. Ao final daquele primeiro telefonema, Prímula já avisava que talvez não encontrasse forças para buscar ajuda, por mais que a necessitasse. Ela dizia:

P: Telefone quantas vezes você quiser!

Seu pedido foi atendido pela psicoterapeuta que assim a escutou: "Telefone quantas vezes *eu* quiser!"

Capítulo 10

Oficina de costura para gestantes e mães[1]

Tania Mara Marques Granato
Tânia Maria José Aiello Vaisberg
Maria Helena Ferreira

Quando uma de nós[2] se aproximou de uma instituição que propunha o amparo a mulheres grávidas que, abandonadas por suas famílias ou parceiros, lá estavam para dar à luz a seus bebês e retomar suas vidas o mais breve possível, encontramos um ambiente bastante diferente do que poderíamos supor como proposta de acolhimento.

A rotina de trabalhos domésticos impostos às gestantes nos setores de limpeza, lavanderia e cozinha, encontrava sua justificativa institucional ao se afigurar como reconhecimento e pagamento pela assistência ali recebida. Os castigos e punições, como perder uma das refeições, deixar de receber o enxoval do bebê ou

[1] Trabalho apresentado no XIII Encontro Latino-Americano sobre o Pensamento de Donald Winnicott, 2004, Porto Alegre. Publicado nos Anais do Congresso, p. 630-634.

[2] Os atendimentos clínicos foram realizados por Maria Helena Ferreira.

ter a própria estada abreviada pelo encaminhamento para familiares ou instituições alternativas, eram algumas das ferramentas de controle sobre o "mau comportamento" das asiladas. Além disso, a delação era largamente incentivada pelos privilégios que a instituição concedia àquelas que em função de seu "bom comportamento" eram investidas de poderes fiscais, configurando-se um campo de hostilidade mútua, onde somente o sobreviver parecia ditar as regras.

Em face de um ambiente onde o falso (Winnicott, 1960[a]) se constituía como estratégia básica de sobrevivência, propusemos a realização de uma Oficina *Ser e Fazer* de Costura (Granato, 2000; Granato, Aiello Vaisberg & Ferreira, 2004; Aiello Vaisberg, 2004). Trata-se do que denominamos um "enquadre diferenciado", que se caracteriza pela adoção do "*holding*" como intervenção fundamental, na medida em que leva em consideração a antropologia winnicottiana que concebe o homem como ser essencialmente criador.

Foi a partir da delicada intervenção junto à instituição que se pôde desvincular nosso trabalho das inúmeras tentativas institucionais de convertê-lo em objeto de controle e exclusão. Haja vista a postura inicial das assistentes sociais, responsáveis pelo encaminhamento de gestantes e mães à Oficina de Costura, que selecionavam as participantes dentre as "mais difíceis". Hoje, a inclusão das "boazinhas" já é um fato, e a Oficina de Costura já se distingue dos "trabalhos forçados" daquela instituição.

Do acolhimento autêntico e confiante da psicoterapeuta à retomada da vida daquelas mulheres num movimento criativo foi um passo que nos surpreendeu pela rapidez com que conquistavam territórios dentro e fora da instituição. Partindo da costura da boneca-flor (Dolto, 1949; Granato et al, 2002; Granato & Aiello Vaisberg, 2002; 2004), como proposta inicial, pudemos testemunhar uma confecção vertiginosa de bolas, almofadas-coração, lençóis e protetores – objetos intermediários do diálogo *self*-outro (Winnicott, 1951-1969) que, para além do espaço de nossa Oficina, ganhavam os dormitórios, os corredores, a sala de TV, a casa da sobrinha, o berço do bebê...

A instituição reagiu ao movimento quase revolucionário que se instaurou a partir dos encontros terapêuticos, nos quais já se ousava falar o que se pensava, onde denúncias eram feitas sobre as "falsidades" que caracterizavam tanto as relações entre as asiladas, como as que se teciam entre as representantes institucionais; afinal, era ali que a esperança de uma vida melhor começava a se enunciar. Tendo em vista "a confusão dos protetores", espécie de almofadas que são colocadas de maneira a revestir o interior do berço do bebê de maneira a aconchegá-lo e protegê-lo, a instituição decidiu proibir sua confecção, já que as integrantes dos grupos de costura, unidas àquelas a quem não fora permitido participar, deram início a um crescente movimento em que moldes, tecidos, linhas e fitas eram passados de mão em mão, promovendo-se assim a livre costura daqueles protetores, nos escassos intervalos que separavam suas muitas tarefas, mas também nos momentos de solidão, preenchidos anteriormente pela televisão. Mais uma vez foi necessária a intervenção sensível da psicoterapeuta, no sentido de fazer ver às representantes institucionais o apelo que as asiladas faziam através do protetor de berço, pedindo proteção para que o mesmo pudesse ser feito por seus filhos: "... Nós não queremos que nossos filhos passem pelo que nós passamos..."

O espaço potencial criado pela Oficina de Costura acolhia as angústias de mulheres hostilizadas pela sociedade e pelos seus, sua vergonha pelas escolhas que fizeram, o desamparo ainda que dissimulado, seus anseios e decepções com os relacionamentos pessoais, a impossibilidade de confiar, o confronto vivido com o "diferente" numa instituição que legitimava a abordagem preconceituosa do outro e, em contrapartida, com o "igual" daquelas mulheres que juntas aguardavam pela retomada de suas vidas interrompidas, pela recuperação de filhos abandonados, pela reconstrução da dignidade perdida. Uma igualdade de condições tão difícil de encarar, mas que em meio a panos e linhas foi possível a aproximação do outro como próximo.

Enquanto trocavam moldes e idéias, enquanto cortavam tecidos e possibilidades, enquanto faziam uso da psicoterapeuta (WINNICOTT, 1969[a]) como fio condutor da vida que ainda as aguardava em sonhos, nossas pacientes preparavam a chegada daquele que num desfecho diferente teria sido o filho do abandono, o filho do estupro ou o filho do nada.

Não nos surpreendemos quando algumas delas passaram a se queixar do longo intervalo que separava as sessões, acrescentando que precisavam ter o que fazer naquele longo tempo de separação. As oficinas terapêuticas deram forma a um pequeno oásis para aquelas que, sedentas, chegavam para se abastecer para uma nova jornada pela aridez daquelas terras secas. Juntas, naqueles encontros sustentados pela presença viva da psicoterapeuta, conseguiram uma espécie de aval para ser o que eram, para expor o que pensavam e para criar o que quisessem com os materiais disponibilizados pela psicoterapeuta. Foi assim que assuntos delicados puderam ser abordados com franqueza e respeito, ao mesmo tempo em que gestantes e mães separavam tecidos, escolhiam fitas e rendas, construindo na imaginação a próxima peça do enxoval do filho, a ser costurada na intimidade de suas vidas.

A cada objeto de costura mais um ponto era dado em direção ao relacionamento ético no interior do próprio grupo, nas tramas institucionais, nas relações familiares e naqueles primeiros encontros que se dariam entre a mãe e seu bebê. Responsabilizar-se pelo outro (LEVINÁS, 1972) num campo terapêutico de "holding" parecia viabilizar a reinstauração de um campo ético e a possibilidade de se ter a própria humanidade reconhecida como tal. Deste outro lugar, as palavras proferidas por uma mãe adquiriam um outro sentido:

"Quem passa por este lugar nunca sai igual..."

Capítulo 11

Ser e fazer na maternidade contemporânea[1]

Tania Mara Marques Granato
Tânia Maria José Aiello Vaisberg

Margarida procura ajuda para a crescente ansiedade que vem experimentando desde que iniciou a licença médica, no oitavo mês de gestação de seu primeiro filho. Diz-se uma pessoa ativa, sociável e dedicada a tudo que se propõe a fazer. Costumava passar suas horas de lazer em companhia do marido e familiares ou se dedicando a uma das inúmeras atividades artesanais que domina com grande habilidade. Descobre nosso telefone pela internet e se interessa pelo trabalho com arranjos florais, relatando o prazer de confeccioná-los para presentear amigos e parentes, de modo que insiste em que escolhamos essa modalidade para trabalharmos. De minha parte aceito e observo que Margarida colocava, já nesse primeiro contato ao telefone, duas tendências ou duas vertentes da comunicação pessoal: a verbal,

[1] Trabalho publicado na *Revista Estudos de Psicologia*, PUC-Campinas, v. 20, n. 2, 2003, p. 71-76.

expressando-se com fluência e espontaneidade sobre o que estava vivendo, e a "artesanal", de onde costumava extrair grande satisfação. Agendo nosso primeiro encontro, solicitando-lhe que trouxesse o material necessário, já que ela mostrava grandes conhecimentos na área e disposição para transformar esse *fazer* numa atividade terapêutica.

Margarida chega muito animada, engajando-se imediatamente numa conversação, sem trazer ou fazer qualquer referência ao material combinado. No final de nosso primeiro encontro, quando falamos de sua necessidade de estar sempre em contato com pessoas, ela faz uma pequena associação ao imaginar o trabalho manual como algo a ser feito na companhia de outrem. Interessante notar como Margarida "esqueceu-se" dos arranjos florais desde esse momento e encontrou no espaço terapêutico uma oportunidade para falar de si, de forma a encontrar sentido para o que estava vivendo como sofrimento naquele momento. Além disso, o que mais a afligia é que dispositivos, antes utilizados para ocupar seu tempo e debelar a ansiedade emergente, tinham perdido sua eficácia, deixando-a em total desamparo. Não conseguia bordar, costurar, tricotar, fazer arranjos, pintar etc. Não sentia vontade, disposição ou aquele seu já conhecido impulso para caminhar em direção às coisas que lhe davam prazer.[2] Margarida não estava reconhecendo-se e solicitava um "interlocutor" nessa nova experi-

---

[2] Pensamos não ser irrelevante nossa recordação, neste ponto do relato de Margarida, sobre a distinção que Winnicott (1971[b]) elabora entre o "brincar" e a "brincadeira", situando o primeiro como fenômeno transicional (WINNICOTT, 1969) que tem lugar num espaço e tempo determinados e que espelha o ser, comunicando-o caso seja recebido por outra pessoa. Winnicott descola o conceito de brincar da área da motivação instintiva, como Klein o fazia, acomodando-o no espaço dialógico entre o eu e o mundo externo, tornando-o *fazer* que se alicerça no *ser* – situação que parece ter sido perdida por Margarida, seu "brincar" não mais se constituía como fonte de satisfação, mas de ansiedade, porque tomado pela angústia daquele momento. Margarida pedia o brincar terapêutico, poderia até ser o jogo verbal da psicanálise, o essencial parecia ser que a brincadeira se desse na companhia da terapeuta.

ência, pois parecia estar perdendo a si mesma e transformando-se em um outro alguém.[3]

Margarida é de origem interiorana e está em São Paulo há três anos. Apesar de adaptada à vida na cidade grande, nota algumas diferenças básicas: vem de uma família de sete filhos, morava numa casa grande com jardim e quintal numa cidade bem pequenina, onde todos se conheciam e ela era reconhecida pelo nome em todos os lugares que freqüentava. Estava acostumada com o movimento de sua casa, enfatizando o contínuo *fazer* de sua mãe, a vegetação que envolvia sua casa e o silêncio da natureza que se contrapunha ao ruído, à poluição e ao reduzido espaço de seu apartamento em São Paulo. Estranhava também as pessoas, tendo certa dificuldade em confiar nelas, já que costumavam não se cumprimentar no elevador, nos corredores ou na rua. Essa atitude lhe parecia muito suspeita.

A história de Margarida foi repleta de cirurgias e tratamentos, desde os dois meses de idade, em função de uma grave fenda palatina, que a impossibilitou de sugar o seio ou a mamadeira, alimentando-se através de colherinhas. As cirurgias corretivas (onze ao todo) eram seguidas de tratamentos fonoaudiológicos e ortodônticos, consultas médicas e acompanhamento permanente em clínica especializada. Desse percurso não guarda como lem-

---

[3] Margarida parecia dominar um *fazer* que lhe tornava familiares e, portanto, toleráveis as intempéries de sua vida. Assusta-se quando esse dispositivo perde o poder confortador que tinha, esperando poder retomá-lo com a ajuda da terapeuta. Porém, cedo percebe que estava à procura de um outro *fazer*, diferente daquele que dominava com as mãos. O que é fundamental ressaltar aqui não é o fato de o *fazer* de Margarida ser ou não realizado manualmente, mas sua nova necessidade de que qualquer atividade fosse preenchida de sentido, distanciando-se da situação anterior, em que vazios de sentido eram artificialmente preenchidos por atividades. Pensamos aqui residir a distinção entre *passar o tempo* (o passatempo) e *viver o tempo* (realizações).

brança o sofrimento, a vergonha ou a desesperança; traz o *holding*[4] (Winnicott, 1967[a]) familiar como a marca mais profunda deixada em si, ao longo desses anos, que lhe fornecera a base para suas batalhas diárias contra o preconceito social e as limitações físicas que sua natureza lhe impusera. Não há o menor traço de revolta no relato de Margarida, ela se transformou numa guerreira, a cada adversidade escolhia a ferramenta apropriada e seguia rumo a uma melhor qualidade de vida.

Grávida, a pouco mais de um mês da data prevista para o parto, não dispunha de armas para lidar com o vazio de sentido que se abria na experiência do novo.[5] Da atividade com que se lançava, costumeiramente, à solução de seus problemas, via-se lasciva ao dormir uma tarde inteira, saboreando o "não fazer nada".[6] Parece que o ambiente que a preparara, adequadamente, durante a infância para o excessivo uso do *fazer* deixara-lhe órfã no território do *ser*.

Margarida lembra da ansiedade que a acompanhava no período pré-operatório, amansada pelo efeito do analgésico e pelo sono que se seguia à anestesia. Depois de cada cirurgia, a recuperação era imediata e o fazer retomado em todos aqueles detalhes que a mantinham ocupada até nova cirurgia, quando nova adaptação

---

[4] *Holding* é o conceito winnicottiano utilizado para a descrição do cuidado que uma mãe dispensa a seu bebê quando o envolve com seus braços, dando-lhe sustentação, tanto no sentido físico como no psicológico, e fornecendo-lhe assim a oportunidade para que os processos inatos de integração encontrem livre expressão, no sentido de organizar os elementos do *self* em torno de uma unidade identitária – o *eu*.

[5] Com "vazio de sentido" queremos referir-nos à imprevisibilidade da experiência de dar à luz um filho, vivida como algo inaugural e, portanto, sem referência passada. Por mais que tentasse, Margarida não encontrava um ponto de apoio em seu passado que a retirasse do estado de alerta; pelo contrário, tudo a levava a se "armar até os dentes" e, ainda assim, sentir-se despreparada. E como não há preparo para o novo, Margarida buscava um ambiente confiável (tema recorrente em toda a obra de Winnicott), que acolhesse e se adaptasse às necessidades que surgiam naquele momento como, por exemplo, tolerar a espera pelo nascimento de seu bebê, sem a habitual inquietude e a recorrência à atividade frenética.

era requerida. Temos aqui a hipertrofia do que Winnicott (1966) chamaria de elemento masculino do *self*, em que sua atividade impulsiva característica, porque se realiza no contexto da vida instintiva, parecia eclipsar as expressões do elemento feminino, propiciador das experiências de fusão, de indiferenciação, de deleite narcísico, que formam a base da identidade ou do sentimento de ser.

O ser não é algo etéreo, é uma psique-soma, como diria Winnicott (1949b), poderíamos também chamá-lo de corpo-alma ou ainda de corpo habitado, e é no corpo de Margarida que tantas intervenções se sucedem para corrigir algo que estava "errado". Muito se *faz* sobre seu *ser*, numa tentativa desesperada de aproximá-lo ao máximo da perfeição e, neste momento em que pouco falta para esse propósito, Margarida escolhe parar para viver a gestação e a maternidade: "ainda tem um escape do ar pelo nariz e a voz ainda não está boa, já melhorou bastante, mas agora deixa pra depois..."

Essa mudança de ponto de vista nos leva a crer no processo de Margarida rumo à *preocupação materna primária*[6] (Winnicott, 1956), cujo desenvolvimento, de um lado, assustava-a levando-a para os confins do ser e, de outro, preparava-a para a tarefa materna que se baseia na adaptação sensível da mãe a seu bebê, envolvendo todo o seu ser e o seu fazer. Como mãe, Margarida precisará contar com a inteireza de si, ou seja, com elementos masculinos e femininos do eu para propiciar ao filho suas primeiras experiências de existir, de sentir-se vivo e real. Aqui é fundamental que a mãe desenvolva uma espécie de identificação com seu bebê, somente possível sobre a base do *ser*, para que possa

[6] Chamamos aqui a atenção para o fato de Margarida ter revelado, quando do primeiro contato telefônico, que não sabia ficar parada e precisava estar sempre fazendo alguma coisa. E como naquela época precisou parar de trabalhar, estava em busca de algo para fazer, já que a ansiedade se apossava dela numa situação como esta. "Não fazer nada" para Margarida era como "não existir". Agora ela precisava experimentar o ser, não o fazer.

imaginar o que ele precisa em um dado momento, colocando-se em seu lugar. Nesse momento de satisfação as experiências de ser e de fazer estão entretecidas de tal forma que quase não se pode distinguir uma da outra, tamanha a sintonia que nasce da intimidade entre esses dois processos.

A afinação saudável entre o ser e o fazer, entre o feminino e o masculino, tem como resultado a integração do eu, a inter-relação psicossomática e a capacidade de realização no mundo (Winnicott, 1945[a]), na qual a dicotomia eu/não-eu é resolvida pela criação de uma parceria autêntica, em que cada termo se carrega de possibilidades para o outro, sem submissão. De volta à Margarida e sua angústia, que passa então a se focalizar no momento do parto, pudemos perceber que contrariamente a suas experiências cirúrgicas havia um elemento que, particularmente, a preocupava: ela estaria acordada. Margarida só experimentara a rendição sob o uso dos anestésicos, reassumindo o controle da situação assim que "acordava". Porém, o que o parto requer da mulher é que abra mão do controle de si, no sentido de se deixar levar pelo processo, como quem aproveita o movimento das ondas do mar para chegar à praia, ao invés de lutar contra a corrente na tentativa desesperada de se agarrar a um barco mais distante.

Margarida, paralisada pelo enigma que se impunha, não imaginava como poderia render-se a algo estando acordada, ou seja, estando no controle; de outro lado não poderia dormir, já que sua participação era aguardada em tal experiência.

> M.: Eu não sei como vai ser, já li de tudo, já visitei o hospital, já enchi meu médico de perguntas, já sei tudo o que vai acontecer. Eu só não sei o que vai acontecer comigo!
>
> T.: Como você vai se comportar...
>
> M.: É, porque meu marido, eu não sei, ele nunca teve essa experiência, não tem criança na família dele, e se ele desmaiar? O médico já avisou que se o marido desmaia, ele fica lá no chão até acordar! Então vou ter de me pre-

ocupar com ele também? Acho melhor ele não entrar na sala de parto.

Quando a terapeuta lhe pergunta sobre a possibilidade de contar com alguém naquela situação, já que não terá o apoio das pessoas que sempre estiveram a seu lado, ela responde: "Meu médico, ali vai ser ele e eu!"

Margarida soube então que estaria acordada e só, naquele momento de sua vida, e por mais ajuda que tivesse, ninguém poderia vivê-lo em seu lugar. Se reencontrasse no fundo de seu ser o "colo" do passado, aí sim poderia se soltar, relaxar e se deixar levar, aproveitando a brecha que se abriria entre o sono e a vigília, entre o controle e o descontrole, talvez algo como um sonhar ainda que acordada. Porque o sonhar é da mesma ordem do viver (Winnicott, 1971[c]), e ainda que separados no tempo estão a enriquecer-se mutuamente, preenchendo-nos de sentido e emprestando valor à vida. Já o fantasiar paralisa, no sentido de que retira o indivíduo da possibilidade de agir, de ser no mundo, oferecendo como alternativa desesperada a existência virtual, a vida onde não há vida, múltiplas ações onde não há sobre o que agir, enfim uma vida mental dissociada da psique-soma. Pensamos que esse não é o caso de Margarida, mas ela tende a isso, na medida em que "escorrega" da unidade psicossomática, continuamente interrompida pela série de cirurgias e tratamentos em busca de nova unidade. Tantas reestruturações físicas podem tê-la distanciado do contínuo diálogo entre psique e corpo, entre ser e fazer, entre sonhar e viver e, aqui, ela buscava restaurar essa parceria. Margarida pressente que o parto se inserirá na fenda que separa, ao mesmo tempo que une, o sonho à vida.

Para encerrar, gostaríamos apenas de sinalizar alguns detalhes fornecidos pelo psicoterapeuta que se propõe a trabalhar com gestantes e puérperas da mesma maneira com que uma mãe se dedica ao cuidado de seu bebê. Ele não imagina que sua paciente tenha se tornado um bebê, isto seria um engano terrível, mas concebe o respeito ao movimento e ao ritmo com que se desenvolve o processo de maternidade daquela mulher em particular, como única possibilidade de crescimento emocional, tornando-se ele mesmo um facilitador. Do psicoterapeuta "sábio" (Winnicott, 1961), rumamos para o psicoterapeuta sensível às demandas de seu paciente, colocando-se mais livre para circular pelos territórios do ser e do fazer,[7] permitindo-se atravessar e ser atravessado pelas vivências emocionais daquele que tem diante de si, sabendo-se coadjuvante de uma história que não lhe pertence, o autor ainda é o paciente.

Uma outra questão, que além de Margarida, tantas outras mulheres têm nos apresentado, refere-se ao fato de as relações interpessoais atuais, tanto quanto as profissionais, estarem tão intensamente embebidas de elemento masculino que roubam o espaço para experiências no campo do ser, relegadas e delegadas por mulheres e homens. As mulheres de hoje demandam dos homens uma apropriação maior do elemento feminino, para que elas também possam viver o lado mais ativo[8] da realização no mundo do trabalho. Muitas delas têm se queixado de como é difícil se restringir, ainda durante a licença-maternidade, à vida doméstica e aos cuidados de uma ou mais crianças, ansiando pelo dia em que voltarão ao trabalho, pois estão sentindo-se "inúteis"

---

[7] A *preocupação materna primária* é um processo no qual a mãe experimenta, nos estágios finais de sua gestação e nos primeiros meses após o parto, um estado que, do ponto de vista do observador ingênuo, se assemelha a uma doença regressiva, em que todos os seus interesses anteriores são deslocados para uma única preocupação naquele momento: seu bebê. Ela parece absurdamente absorvida por essa tarefa, chegando a preocupar seus familiares que vêem seu comportamento como uma forma muito estranha de egoísmo e isolamento social. Com o passar do tempo que acompanha o desenvolvimento do bebê rumo à independência, a mãe tende a "desadaptar-se", retomando gradualmente sua vida anterior e deixando ao bebê a oportunidade de começar a lidar com seus relacionamentos pessoais.

[8] Notar como a psicoterapeuta se abre diante da possibilidade de fazer uso ou não do material mediador, no caso os arranjos florais, permitindo que Margarida se "espreguice" num espaço mais amplo. Aliás, ela não estava a se queixar do espaço apertado de São Paulo?

ou deprimidas, enquanto cuidam de seus bebês. De outro lado, os homens parecem equilibrar-se numa "corda bamba", pois já não sabem mais o que suas mulheres esperam deles: ora são exigidos na maternagem de seus filhos e esposa, ora lhes é requerida uma assertividade contundente. Temos a impressão de que a complementaridade entre o feminino e o masculino foi perdida nesses novos tempos e os dados foram novamente lançados nesse jogo de integração entre o feminino e o masculino dentro de cada um de nós. Este tem sido um jogo incômodo para homens e mulheres, pois a construção de um novo sentido estimula nossa criatividade tanto quanto nos assusta, fazendo-nos recuar a padrões antigos, ainda que obsoletos. Estamos testemunhando um rearranjo de elementos femininos e masculinos que se produz confusão e sofrimento, também inauguram a possibilidade de configurações sequer imaginadas e que nos conduzem a questionamentos éticos, como: "Com quem deixo meu filho? Somente serei boa mãe se amamentar meu filho? O que importa é a quantidade ou a qualidade? Não quero trabalhar! Ou ainda: Eu preciso trabalhar! Não quero sentir dor! Homem tem de participar! Eu tenho de ficar 24 horas com ele? Não sei se serei boa mãe..."

[9] Com isso não queremos dizer que o elemento masculino não possa incluir a passividade ou que o elemento feminino refira-se a uma atitude passiva, ele também é ativo. Os elementos feminino e masculino se referem a diferentes formas de estar no mundo das relações interpessoais (ativas ou passivas), remetendo-se a áreas diversas da experiência intersubjetiva: no primeiro caso estamos lidando com relações de *objetos subjetivos* (Winnicott, 1962) e no segundo, sujeito e objeto já se encontram em processo de diferenciação.

Referências bibliográficas

ABRAM, J. *The language of Winnicott*. Northvale: Jason Aronson, 1997.

AIELLO VAISBERG, T. M. J. "Sonhos de nascimento e preocupação materna primária". In: *Psychê*, v. 3, n. 4, 1999.

__________. "Ser e Fazer: Interpretação e intervenção na clínica winnicottiana". In: *Psicologia-USP*, 14 (1), 2003[a], p. 95-128.

__________. "Sentido e direção: A clínica como prática transformadora". In: *Jornada Apoiar: Propostas de atendimento*. São Paulo: IPUSP, 2003[b], p. 11-15.

__________. "A alma, o olho e a mão". In: *Ser e Fazer: Enquadres diferenciados na clínica winnicottiana*. Aparecida-SP: Idéias & Letras, 2004, p. 89-101.

AIELLO VAISBERG, T. M. J.; MACHADO, M. C. L. "Psicoprofilaxia grupal na clínica winnicottiana". In: *Catafesta, I.F.M. A clínica e a pesquisa no final do século: Winnicott e a Universidade*. São Paulo: Instituto de Psicologia da Universidade de São Paulo, 1997.

AIELLO VAISBERG, T. M. J.; MACHADO, M. C. L.; AMBROSIO, F. F. "A alma, o olho e a mão: Estratégias metodológicas de pesquisa em psicologia clínica social winnicottiana". In: AIELLO VAISBERG (Org.). *Cadernos Ser e Fazer: Trajetos do sofrimento, rupturas e (recriações de sentido*. São Paulo: IPUSP, 2003, p. 6-16.

BADINTER, E. (1980). *Um amor conquistado: O mito do amor materno*. Rio de Janeiro: Nova Fronteira, 1985.

BENJAMIN, W. (1928). "O brinquedo e o jogo". In: *Sobre arte, técnica, linguagem e política.* Tradução de Maria Luz Moita, Maria Amélia Cruz e Manuel Alberto. Lisboa: Relógio D'Água, 1992, p. 171-176.

__________. (1936). "O narrador: Reflexões sobre a obra de Nikolai Leskov". In: *Sobre arte, técnica, linguagem e política*. Tradução de Maria Luz Moita, Maria Amélia Cruz e Manuel Alberto. Lisboa: Relógio D'Água, 1992, p. 27-57.

BAUDRILLARD, J. (2000). *A ilusão vital*. Tradução de Luciano Trigo. Rio de Janeiro: Civilização Brasileira, 2001.

BERGERET, J. *Personnalité normale et pathologique*. Paris: Dunod, 1974.

BLEGER, J. (1957). *Psicoanálisis y dialéctica materialista*. Argentina: Nueva Visión, 1988.

__________ (1963). *Psicologia de la conduta*. Buenos Aires: Paidos, 1977.

__________ (1984). *Psico-higiene e psicologia institucional*. Tradução de Emília de Oliveira Diehl. Porto Alegre: Artes Médicas, 1992.

CHATEL, M. M. (1995). "Ter uma criança: um sintoma". In: *Mal-estar na procriação*. Tradução de D. D. Estrada. Rio de Janeiro: Campo Matêmico, 1995, p. 53-126.

CRAMER, B.; PALACIO-ESPASA, F. *Técnicas psicoterápicas mãe-bebê*. Tradução de Francisco Franke Settineri. Porto Alegre: Artes Médicas, 1993.

DEVEREUX, G. (1967). *From anxiety to method in the behavioral sciences*. Paris: Mouton & Co. and École Pratique des Hautes Études, 1967.

DOIN, C. *Interpretação transicional*. In: MELLO FILHO, J.; SILVA, A. L. M. L., eds. Winnicott 24 anos depois. Rio de Janeiro: Revinter, 1995.

DOLTO, F. (1949). "Cura psicanalítica com a ajuda da boneca-flor". In: *No jogo do desejo*. Tradução de Albertine Santos. Lisboa: Relógio D'Água, 1993, p.133-189.

__________ (1981). "Gênese do sentimento materno, abordagem psicanalítica da função simbólica feminina". In: *No jogo do desejo*. Tradução de Albertine Santos. Lisboa: Relógio D'Água, 1993, p. 241-262.

__________ (1982). "Interferências familiares e sociais no desenvolvimento da libido". In: *Sexualidade feminina*. Tradução de R. C. Lacerda. São Paulo: Martins Fontes, 1989, p. 97-108.

Fernandes, M. A. *Fantasias inconscientes de primigestas através do procedimento de desenhos-estórias*. Dissertação (Mestrado em Psicologia). Pontifícia Universidade Católica de Campinas, Campinas, 1988, 302 p.

Granato, T. M. M. *Encontros terapêuticos com gestantes à luz da preocupação materna primária*. Dissertação (Mestrado em Psicologia). Instituto de Psicologia, Universidade de São Paulo, São Paulo, 2000, 106 p.

__________. *Tempo de gestar: Encontros terapêuticos com gestantes à luz da preocupação materna primária*. São Paulo: Ed. Landmark, 2002.

__________ (2004[a]). *Tecendo a clínica winnicottiana da maternidade em narrativas psicanalíticas*. Tese (Doutorado em Psicologia). Instituto de Psicologia, Universidade de São Paulo, São Paulo, 2004, 266 p.

__________ (2004[b]). "Os mil e um dias de Scherazade". In: *Tecendo a clínica winnicottiana da maternidade em narrativas psicanalíticas*. Tese (Doutorado em Psicologia). Instituto de Psicologia, Universidade de São Paulo, São Paulo, 2004, p. 113-178, 266 p.

Granato, T. M. M.; Aiello Vaisberg, T. M. J. "O uso da boneca-flor pelo psicólogo em seu diálogo com a clínica da maternidade". In: Aiello Vaisberg (org.). *Cadernos Ser e Fazer: Trajetos do sofrimento-desenraizamento e exclusão*. São Paulo: IPUSP, 2002, p. 87-91.

__________. "Consultorias terapêuticas: cuidando do profissional". In: Aiello Vaisberg (org.). *Cadernos Ser e Fazer: O brincar*. São Paulo: IPUSP, 2004, p. 75-80.

Granato, T. M. M.; Aiello Vaisberg, T. M. J. et al. "Arte-terapia com gestantes adolescentes na clínica winnicottiana". In: *I Congresso Brasileiro de Psicologia: Ciência e Profissão*. Painel. São Paulo, 2002.

Granato, T. M. M.; Aiello Vaisberg, T. M. J.; Ferreira, M. H. J.; "Oficina de costura para gestantes e mães: Espaço de acolhimento e retomada do processo criativo". In: *XIII Encontro lati-*

no-americano sobre o pensamento de Donald Winnicott, 2004, Porto Alegre, Anais, 2004, p. 630-634.

HERRMANN, F. *Clínica psicanalítica: A arte da interpretação*. São Paulo: Brasiliense, 1991.

__________. *O divã a passeio*. São Paulo: Brasiliense, 1992.

__________. *Psicanálise do quotidiano*. Porto Alegre: Artes Médicas, 1997.

IONESCU, S. *Catorce enfoques de la psicopatologia*. México: Fondo de Cultura Econômica, 1994.

KHAN, M. Masud R. "Secret as potential space". In: *Hidden selves: Between theory and practice in psychoanalysis*. New York: International Universities Press, 1983, p. 97-107.

__________ (1963). "The concept of cumulative trauma". In: *The privacy of the self*. London: Karnac Books, 1996, p. 42-58.

KOJÈVE, A. *Introduction à la lecture de Hegel*. Paris: Gallimard, 1947.

LANGER, M. (1978). "Gravidez e parto". In: *Maternidade e sexo*. Tradução de Maria Nestrovsky Folberg. Porto Alegre: Artes Médicas, 1986, p. 191-222.

LEVINÁS, E. (1972). *Humanismo do outro homem*. Petrópolis: Vozes,1993.

LITTLE, M. I. *Psychotic anxieties and containment*. London: Jason Aronson, 1990.

OGDEN, T. *Os sujeitos da psicanálise*. São Paulo: Casa do Psicólogo, 1996.

PAZ, R. *Psicopatologia: sus fundamentos dinamicos*. Buenos Aires: Nueva Vision, 1976.

PHILLIPS, A. *Terrors and experts*. Cambridge: Harvard University, 1997.

POLITZER, G. (1928). *Crítica dos fundamentos da psicologia*. V. 1, 2ª ed. Tradução de Conceição Jardim e Eduardo Lúcio Nogueira. Lisboa: Editorial Presença, 1975.

RODMAN, R. *O gesto espontâneo*. Conferência proferida na Universidade de São Paulo, Brasil, em 1997.

SAFRA, G. *Momentos mutativos em psicanálise*. São Paulo, Casa do Psicólogo, 1995.

__________. *A face estética do self: teoria e clínica*. São Paulo: Unimarco, 1999.

SILVA, M. E. L. "Pensar em psicanálise". In: *Investigação e psicanálise*. Campinas: Papirus, 1993.

SOIFER, R. (1977). *Psicologia da gravidez, parto e puerpério*. Tradução de Ilka Valle de Carvalho. Porto Alegre: Artes Médicas, 1992.

STERN, D. N. (1985). *The interpersonal world of the infant*. New York: Basic Books, 2000.

SUMMERS, F. "Psychoanalytic boundaries and transitional space". In: *Psychoanalytic Psychology*, v. 16, n. 1, 1999, p. 3-20.

TSU, T. M. J. A. *Análise de sonhos de gestantes – Um estudo sobre regressão*. Dissertação (Mestrado). Instituto de Psicologia, Universidade de São Paulo, São Paulo, 1980, 157 p.

WINNICOTT, D. W. (1945[a]). "Desenvolvimento emocional primitivo". In: *Textos selecionados: Da pediatria à psicanálise*. 3ª ed. Tradução de Jane Russo. Rio de Janeiro: Francisco Alves, 1988, p. 269-285.

__________ (1945[b]). "What about father?" In: *The child, the family and the outside world*. Reading, Massachusetts: Addison-Wesley, 1997, p. 113-118.

__________ (1947). "O ódio na contratransferência". In: *Textos selecionados: Da pediatria à psicanálise*. 3ª ed. Tradução de Jane Russo. Rio de Janeiro: Francisco Alves, 1988, p. 341-353.

__________ (1949[a]). "A mãe dedicada comum". In: *Os bebês e suas mães*. Tradução de Jefferson Luiz Camargo; revisão técnica e tradução da introdução de Maria Helena Souza Patto. São Paulo: Martins Fontes, 1996, p. 1-11.

__________ (1949[b]). "A mente e sua relação com a psique-soma". In: *Textos selecionados: Da pediatria à psicanálise*. 3ª ed. Tradução de Jane Russo. Rio de Janeiro: Francisco Alves, 1988, p. 409-425.

__________ (1949[c]). "The world in small doses". In: *The child, the family and the outside world*. Reading, Massachusetts: Addison-Wesley, 1997, p. 69-74.

__________ (1949[d]). "Close-up of mother feeding baby". In: *The child, the family and the outside world*. Reading, Massachusetts: Addison-Wesley, 1997, p. 45-49.

__________ (1951-1969). “Objetos transicionais e fenômenos transicionais”. In: *O brincar e a realidade*. Tradução de José Octavio de Aguiar Abreu e Vanede Nobre. Rio de Janeiro: Imago, 1975, p. 13-44.

__________ (1952). “Psicose e cuidados maternos”. In: *Textos selecionados: Da pediatria à psicanálise*. 3ª ed. Tradução de Jane Russo. Rio de Janeiro: Francisco Alves, 1988, p. 375-387.

__________ (1954ª). “Localização da psique no corpo”. In: *Natureza humana*. Tradução de Davi Bogomoletz. Rio de Janeiro: Imago Editora, 1990, p. 143-146.

__________ (1954[b]). “Um estado primário do ser: Os estágios pré-primitivos”. In: *Natureza humana*. Tradução de Davi Bogomoletz. Rio de Janeiro: Imago Editora, 1990, p. 153-156.

__________ (1954[c]). “Estabelecimento da relação com a realidade externa”. In: *Natureza humana*. Tradução de Davi Litman Bogomoletz. Rio de Janeiro: Imago Editora, 1990, p. 120-135.

__________ (1954[d]). “Retraimento e regressão”. In: *Textos selecionados: Da pediatria à psicanálise*. 3ª ed. Tradução de Jane Russo. Rio de Janeiro: Francisco Alves, 1988, p. 427-435.

__________ (1954-1955). “Aspectos clínicos e metapsicológicos da regressão dentro do setting psicanalítico”. In: *Textos selecionados: Da pediatria à psicanálise*. Rio de Janeiro: Francisco Alves, 1988, p. 459-481.

__________ (1956). “Preocupação materna primária”. In: *Textos selecionados: Da pediatria à psicanálise*. 3ª ed. Tradução de Jane Russo. Rio de Janeiro: Francisco Alves, 1988, p. 491-498.

__________ (1957). “The mother’s contribution to society”. In: *Home is where we start from*. New York: W. W. Norton, 1986, p. 123-127.

__________ (1960ª). “Distorção do ego em termos de falso e verdadeiro self”. In: *O ambiente e os processos de maturação*. 3ª ed. Tradução de Irineo Constantino Schuch Ortiz. Porto Alegre: Artes Médicas, 1990, p. 128-139.

__________ (1960[b]). "Contratransferência". In: *O ambiente e os processos de maturação*. 3ª ed. Tradução de Irineo Constantino Schuch Ortiz. Porto Alegre: Artes Médicas, 1990, p. 145-151.

__________ (1960[c]). "Teoria do relacionamento paterno-infantil". In: *O ambiente e os processos de maturação*. 3ª ed. Tradução de Irineo Constantino Schuch Ortiz. Porto Alegre: Artes Médicas, 1990, p. 38-54.

__________ (1960[d]). "O relacionamento inicial entre uma mãe e seu bebê". In: *A família e o desenvolvimento individual*. Tradução de Marcelo Brandão Cipolla. São Paulo: Martins Fontes, 1997, p. 21-28.

__________ (década de 60). "Nota sobre o relacionamento mãe-feto". In: *Explorações psicanalíticas*. Tradução de José Octavio de Aguiar Abreu e Vanede Nobre. Porto Alegre: Artes Médicas, 1994, p. 27-128.

__________ (1961). "Varieties of psychotherapy". In: *Home is where we start from*. New York: W. W. Norton, 1986, p. 101-111.

__________ (1962[a]). "A integração do ego no desenvolvimento da criança". In: *O ambiente e os processos de maturação*. 3ª ed. Tradução de Irineo Constantino Schuch Ortiz. Porto Alegre: Artes Médicas, 1990, p. 55-61.

__________ (1962[b]). "Os objetivos do tratamento psicanalítico". In: *O ambiente e os processos de maturação*. 3ª ed. Tradução de Irineo Constantino Schuch Ortiz. Porto Alegre: Artes Médicas, 1990, p. 152-155.

__________ (1963). "O medo do colapso". In: *Explorações psicanalíticas*. Tradução de José Octavio de Aguiar Abreu e Vanede Nobre. Porto Alegre: Artes Médicas, 1994, p. 70-76.

__________ (1964). "Breast feeding". In: *The child, the family and the outside world*. 2nd printing. Reading, Massachussets: Adisson-Wesley, 1997, p. 50-57.

__________ (1965). "Notas sobre o retraimento e regressão". In: *Explorações psicanalíticas*. Tradução de José Octavio de Aguiar Abreu e Vanede Nobre. Porto Alegre: Artes Médicas, 1994, p. 116-118.

__________ (1966). "A criatividade e suas origens". In: *O brincar e a realidade*. Tradução de José Octavio de Aguiar Abreu e Vanede Nobre. Rio de Janeiro: Imago, 1975, p. 95-120.

__________ (1967[a]). "O papel de espelho da mãe e da família no desenvolvimento infantil". In: *O brincar e a realidade*. Tradução de José Octavio de Aguiar Abreu e Vanede Nobre. Rio de Janeiro: Imago, 1975, p. 153-162.

__________ (1967[b]). "The concept of a healthy individual". In: *Home is where we start from.* New York: W. W. Norton, 1986, p. 21-34.

__________ (1969[a]). "O uso de um objeto e relacionamento através de identificações". In: *O brincar e a realidade*. Tradução de José Octavio de Aguiar Abreu e Vanede Nobre. Rio de Janeiro: Imago, 1975, p. 121-131.

__________ (1969[b]). "A experiência mãe-bebê de mutualidade". In: *Explorações psicanalíticas.* Tradução de José Octavio de Aguiar Abreu e Vanede Nobre. Porto Alegre: Artes Médicas, 1994, p. 195-202.

__________ (1969[c]). "Objetos transicionais e fenômenos transicionais". In: *O brincar e a realidade.* Tradução de José Octavio de Aguiar Abreu e Vanede Nobre. Rio de Janeiro: Imago, 1975, p. 13-44.

__________ (1970). *Therapeutic consultations in child psychiatry*. New York: Basic Books, 1971.

__________ (1971). *O brincar e a realidade*. Tradução de José Octavio de Aguiar Abreu e Vanede Nobre. Rio de Janeiro: Imago, 1975.

__________ (1971[a]). "O brincar: Uma exposição teórica". In: *O brincar e a realidade*. Tradução de José Octavio de Aguiar Abreu e Vanede Nobre. Rio de Janeiro: Imago, 1975, p. 59-77.

__________ (1971[b]). "O brincar: A atividade criativa e a busca do eu (self)". In: *O brincar e a realidade.* Tradução de José Octavio de Aguiar Abreu e Vanede Nobre. Rio de Janeiro: Imago, 1975, p. 79-94.

__________ (1971[c]). "Sonhar, fantasiar e viver". In: *O brincar e a realidade*. Tradução de José Octavio de Aguiar Abreu e Vanede Nobre. Rio de Janeiro: Imago, 1975, p. 45-58.

Impressão e acabamento
Gráfica e Editora Santuário
Em Sistema CTcP
Rua Pe. Claro Monteiro, 342
Fone 012 3104-2000 / Fax 012 3104-2036
12570-000 Aparecida-SP